T0068303

El antihéroe en la literatura peninsular y latinoamericana

El antihéroe en la literatura peninsular y latinoamericana

Luis Mora

Número de Control de la Biblioteca del Congreso de EE. UU.:   2018904312
ISBN: Tapa Blanda   978-1-5065-2497-9
             Libro Electrónico   978-1-5065-2496-2

Para realizar pedidos de este libro, contacte con:
Palibrio
1663 Liberty Drive
Suite 200
Bloomington, IN 47403
Gratis desde EE. UU. al 877.407.5847
Gratis desde México al 01.800.288.2243
Gratis desde España al 900.866.949
Desde otro país al +1.812.671.9757
Fax: 01.812.355.1576
ventas@palibrio.com
451974

Índice

Introducción

A partir de los años sesenta, se encuentra un incremento de las novelas con temática homosexual. Este aumento se debe a los cambios culturales e ideológicos y a la modernización[1] que se produjo en el mundo occidental. Como una nueva forma de expresión y con nuevas posibilidades interpretativas, las narraciones homoeróticas han empezado ha recibir atención tanto en la literatura peninsular como en la latinoaméricana. Tal vez el hecho de ser tan difundidas sea por la diversidad de voces presentes principalmente en las áreas urbanas. Los escritores que expresan sus preocupaciónes al representar la realidad social y en proporcionar concepciones de valores o prejuicios y vivencias de su mundo.

En la literatura homoerótica se ha seguido explotando el tema de la promiscuidad y la prostitución homosexual por tener más aceptación y expectativa entre los lectores. Como consecuencia, se presentan historias que presentan un ambiente degradado en el cual se lleva a cabo las aventuras del homosexual como personaje principal referido en estudio como el antihéroe. Los lectores gozan de las aventuras del antihéroe en la sociedad y les agrada la forma de cómo se confiesa de lo que hizo. Las características del antihéroe se asemejan en varios textos. El propósito de este trabajo de investigación es el análisis comparativo del antihéroe en la novela homosexual en España. Por eso, comparo las novelas El gladiador de Chueca, de Carlos Sanrune 1998 y Fácil de Luis Antonio de Villena 1992, El vampiro de la colonia Roma de Luis Zapata 1976 y la novela peruana de Jaime Bayly, No se lo digas a nadie 1992. Este análisis sobre la desconstrucción de la masculinidad revalora los asuntos de género, identidades y sexualidades con la finalidad de desestabilizar al sistema y darle más opciones a la literatura. Como veremos, en estas novelas se describe con autenticidad las desigualdades de género que prevalecen en España y Latinoamérica, a través de la perspectiva de un antihéroe.

En este análisis es esencial ver la representación del antihéroe y por qué ésta caracterizado de esta manera, si existe estigmatización o no, por ejemplo, la presentación de los acontecimientos, las acciones, la voz narrativa y cómo el protagonista no se convierte en un héroe sino en el antihéroe arquetípico. La imagen del héroe se le brinda a una persona con una conducta ejemplar y con virtud. Contrario a esto, aparece la versión negativa del antihéroe que entra en conflicto con la sociedad especialmente con las imposiciones de la hegemonía. La representación del antihéroe se le da a un ser humano ordinario que se encuentra solo, degradado, sin otra alternativa que la de defender su vida y tomar sus propias decisiones. Este, a la vez lucha por sobrevivir, pero tiene miedo, sufre de engaños, ignorancia, desinformación, comete errores, vive lo inmediato y desea vivir con mayor intensidad o felicidad posible. Generalmente, para conseguir la felicidad el antihéroe violas todas las normas que la sociedad califica degeneradas.

Considerando que las novelas son los productos y los novelistas los productores. Los autores se valen del uso de un personaje antiheroico, para representar a un "prostituto" o promiscuo homosexual que vive en una sociedad machista. Por eso, es importante el análisis del antihéroe como un personaje marginado socialmente. Es necesario demostrar como el antihéroe es destruido como persona por los prejuicios, estereotipos e injusticias por una sociedad corrupta. Como resultado, el personaje se relaciona a un sistema que se identifica con los valores no aceptados de la sociedad; así es como se construye el personaje del antihéroe, visto desde la perspectiva del sistema cultural predominante.

A través del uso del antihéroe se intenta representar la realidad social para denunciar los vicios de la sociedad, haciendo así narraciones capaces de repasar algunos tópicos socioculturales con el mejor humor y dramatismo posible. Con esto se convierte al protagonista en figura de parásito que arrastra problemas con su sexualidad y las costumbres de su país. El antihéroe proporciona interpretaciones de su identidad sexual o la de los demás; las cuales por medio de reflexiones brindan perspectivas de su entendimiento sobre el terreno de las relaciones sociales referente a su marginalidad y su ambigüedad sexual. Por ejemplo, no se puede comprender la vida de un antihéroe, de un homosexual o de un prostituto sin considerar al mismo tiempo la posición desde la que él la aborda. Generalmente, esa posición se realiza desde su base social y su pasado. Por este motivo, mi análisis de estudio es importante porque muestra cómo el antihéroe es expuesto en su socialización a diferidas ideas sobre el género y la sexualidad derivadas de una extensa diversidad de fuentes. Por eso, es importante estudiar la exploración interior del antihéroe que se da cuenta de aceptar, rechazar y reinterpretar en la formación de sus propias ideas; así como los mecanismos por los cuales se enseñan las normas a los individuos. Además, la utilización de un personaje antihéroe rebela la voz silenciada y reprimida, la cual puede encontrarse en personajes homosexuales secundarios o en personajes homosexuales protagónicos. Así, uno de los principales propósitos de este análisis es comprender al antihéroe por medio de su discurso y sus vivencias, así como la prostitución como estrategia de subsistencia.

En las obras que se analizan se encuentra la focalización del protagonista con respecto a sus experiencias como antihéroe. Las anécdotas de cada personaje son diferentes, variadas y encontradas pero, todas tienen en común que se explota el recurso de la promiscuidad homosexual para intentar llegar a todo tipo de lector por medio del morbo. Con estos elementos que inducen al morbo, la narración reproduce los esquemas y los estereotipos dominantes y marginados, como lo es la homosexualidad. Así de ese modo, este análisis aspira a contribuir originalmente al estudio de la realidad social contemporánea, mostrando aspectos poco estudiados o vedados por miedo y el tabú. Por este motivo, en estos textos se recrea con humor y crudeza los prejuicios y los conceptos construidos en torno a la sexualidad para revelar las falsedades en las que se fundamentan los discursos dominantes.

Las novelas donde se representa al antihéroe son textos donde un personaje se enfrenta a su realidad social. Este tipo de relato declara tajantemente las condiciones de vida, la lucha de clases, la discriminación y las injusticias hacia las minorías. Hay que tener en cuenta que si varios textos insisten en el elemento social, es porque tratan de comunicar algo. Por eso, la crítica literaria debe poner atención a cada componente de la novela. Una parte esencial son las características del antihéroe que destacan la intención de la narración al poner en evidencia el cinismo de la sociedad y esfumar la existencia de un antihéroe en su colectividad. Por ejemplo, es importante analizar el discurso contra le hegemonía masculina que se ha distinguido por su arrogancia. Generalmente, el marginado lleva la desventaja por el sólo hecho de ser diferente y, además, la barrera de no ser aceptado. Como resultado, para el marginado existe una presión social muy grande por pertenecer a una sociedad tradicional y conseguir la aceptación y comprensión, pero sólo se convierte en un resentido social. Por eso, el antihéroe es forzado a eludir las expectativas sociales y culturales para lograr lo que desea. Esto les exige buscar varias estrategias personales para negociar su identidad personal sin enfrentar consecuencias negativas. Siendo así, este antihéroe siente la necesidad de vivir abiertamente su estilo de vida. Por lo general, el antihéroe, para lograr sus fines, comete actos desaprobatorios y, usualmente, opta por salir por la puerta falsa. En todo caso, antes de juzgar al antihéroe, que pocos le dan la importancia debida, es necesario comprender que éste representa la diferencia, lo otro, lo extraño frente a lo aceptable. A su vez, se debe hacer una reflexión sobre el estado actual de las bases, los de abajo del imperio, esos que sostienen, incluso sin saberlo, una forma de vida que, ya no da para más.

El proceso de reconstrucción de la subjetividad del homosexual se presenta con numerosas resistencias al antihéroe. Para vencer esas resistencias y para difundir un concepto de individuo que se reconcilie las características que el género sexual ha separado, es importante recurrir a la literatura, porque restablece los valores con los que la sociedad ha construido lo homosexual con el fin de que dejen de ser concebidos como inferiores. Por eso, es necesario que la literatura de sujetos marginales fomente comprensión y respeto en la que los comportamientos, conductas homosexuales se valoren como una manifestación de la diferencia y no de la desigualdad.

Entre las novelas actuales que recogen las voces de los grupos marginados, este trabajo de investigación pretende analizar y comparar cuatro textos donde se aborda el tema del antihéroe homosexual. Primeramente, en El gladiador de Chueca, de Carlos Sanrune. El antihéroe es deshumanizado como ser humano por las cuestiones sociales, morales y económicas de la sociedad, así como por sus constantes errores personales. Su lucha de sobrevivir le permite aproximarse a la narración desde una perspectiva mítica del héroe. Asimismo, este antihéroe pone en evidencia las injusticias de la sociedad a través de sus aventuras. La novela de Luis Antonio de Villena, Fácil se nos demuestra que es importante observar la identidad subordinada masculina mediante un personaje antihéroe que ofrece su testimonio sobre su conducta antimoral por medio de la trasgresión y la resistencia. Por lo tanto, el discurso del personaje antihéroe en la novela Fácil representa los elementos subversivos. Su discurso constituye un "performance" de su identidad masculina y una justificación de su forma de vida. En El vampiro de la colonia Roma se presenta al antihéroe atado a conceptos de degradación y sumisión. Los mismos revelan cómo se siente satisfecho de su situación marginal y del poder que tiene como antihéroe en el medio social en el que se desenvuelve. En nuestra última novela, escrita por el peruano Jaime Bayly, No se lo digas a nadie se muestra a un antihéroe que trata de encontrar su identidad, saliendo de su silencio, o del clóset y revelándose ante lo establecido. Cada novela tiene una historia diferente de sufrimiento, de abandono, de marginación, de soledad, de graves carencias, de falta de oportunidades, que le han dejado al antihéroe pocas alternativas para poder optar por otro modo de vida. Podemos decir, por tanto, que el antihéroe al que nos referimos se encuentra en esta situación por unos factores que en ningún momento le dejaron otras alternativas. A pesar de las diferentes aventuras que enfrenta el antihéroe el tema principal en todas estas novelas es la conciencia que el antihéroe tiene de su situación social y marginal. Su conciencia siempre está en la mente del antihéroe y es la que le lleva a tomar las decisiones no aceptadas por la sociedad. Como consecuencia, este antihéroe se contrasta con los modelos masculinos idealizados que se le han impuesto, así trasgrede las normas sociales para que el antihéroe sea aceptado legalmente, sin rechazo injustificado. Por lo tanto, es indispensable determinar las características de representación del antihéroe homosexual en cada una de estas novelas que tratan de poner en evidencia el cinismo e injusticias de la sociedad y darle voz, comprensión e importancia al antihéroe marginado en su colectividad.

Capítulo Uno

El Antihéroe en su Integración y No Integración en la Sociedad

Los textos que utilizan a un antihéroe como el personaje principal tienen el propósito de revelar los problemas que sufre la comunidad marginada, debido a los estereotipos que la sociedad utiliza para etiquetar a estos grupos. Es relevante que los formulismos de representar al antihéroe en las diferentes novelas se asemejan, como por ejemplo, la imposibilidad de integración a la sociedad, acatar su desgracia debido a un error o la rebeldía a lo impuesto por la sociedad. Por eso, el objetivo de recurrir a un antihéroe es para criticar las diferentes condiciones e injusticias de la humanidad. Esto se logra al representar a un antihéroe que no cumple los códigos de la comunidad; que incorpora el tema de la marginación homosexual para motivar a los grupos marginales a la crítica de los discursos y representaciones sobre las sexualidades. Se desarrolla un discurso para exponer la situación marginal del homosexual y lo prohibido de su existencia a una vida normal. Por lo tanto, el protagonismo del marginado no funciona como héroe porque no comparte los valores y las características de éste, sino que se desenvuelve como un antihéroe debido a su falta de virtud, porque la adversidad le llega a causa de un error o escoge una identidad no aceptada por la sociedad. Es primordial analizar los modelos de construcción tanto del héroe como del antihéroe en la narrativa, así como abordar la problemática del personaje como entidad discursiva y examinar las prácticas más habituales en la representación de un personaje marginal.

En los mitos y cuentos tradicionales, un héroe es un hombre o mujer, generalmente el personaje principal de la historia. El <u>Diccionario de la lengua española</u> define "héroe" como: "varón ilustre y famoso por sus hazañas o virtudes" (N.pág.). El héroe tiene habilidades o carácter superiores a los de una persona común, que le permiten llevar a cabo algunas acciones asombrosas. Un héroe satisface las definiciones de lo que se considera humano en su cultura de origen. Bowra en su libro <u>The Greek Experience</u> considera al héroe como.

> "The essence of the heroic outlook is the pursuit of honor through action. The great man is he who, being endowed with superior qualities of body and mind uses them to the utmost and wins the applause of his fellows because he spares no effort and shirks no risk in his desire to make the most of his gifts and to surpass other men in his exercise of them. His honor is the centre of his being, and any affront to it calls for immediate amends. He courts danger gladly because it gives him the best opportunity of showing of what stuff he is made. Such a conviction and its system of behavior are built on a man's conception of himself and of what he owes to it, and if it has any further sanctions, they are to be found in what other men like himself think of him." (20)

De la misma forma, Paul Honrad Kurz en su libro <u>La metamorfosis de la novela moderna</u> considera al héroe como un individuo que se afirma a sí mismo en el encuentro con el mundo; un héroe definido en función de su voluntad y de su poder hacer, es el héroe que cumple con las expectativas sociales y estéticas de la sociedad que lo inventa y en la que se inscribe. (23) También, Dorothea Krook en su libro <u>Elements of Tragedy</u> señala que el héroe protagonista tiene un espíritu pelador, posesión de habilidades o carácter muy superiores a los de una persona ordinaria; que le permiten llevar a cabo algunas hazañas ciertamente beneficiosas y que en algunos casos es el representativo de la humanidad (78).

Por otra parte, la virtud es un elemento fundamental en el héroe. Para Fernando Savater en su libro <u>La tarea del héroe</u> "el héroe se ejemplifica que, realmente, la virtud es fuerza y excelencia, es decir, el héroe prueba que la virtud es la acción triunfalmente más eficaz" (112). Savater explica que la mayoría de las personas obedecen las virtudes como algo atribuido, pero en el héroe, la virtud surge de su propia naturaleza como una exigencia de totalidad y no como una imposición del exterior (113). De igual forma, Terry Eagleton en <u>Sweet Violence: The Idea of the Tragic</u> expresa que el héroe prueba que la virtud es la acción más eficaz; seguir las virtudes es algo impuesto pero en el héroe, la virtud brota de su propia naturaleza (45). Los rasgos que distinguen a los héroes en conjunto, son la fuerza, valor, abundancia de recursos, generosidad y hospitalidad. Por consiguiente, el héroe queda definido por un soporte de cierto número de rasgos como es la valentía, valores, virtud que los demás personajes y el antihéroe no poseen. Asimismo, en el caso del antihéroe no se encarnan, necesariamente los valores contrarios a los del héroe, sino que puede ser también el que no accede a los valores asociados con el héroe, sino a otros. El <u>Diccionario de la lengua española</u> define al antihéroe como: "en una obra de ficción, personaje que, aunque desempeña las funciones narrativas propias del héroe tradicional, difiere en su apariencia y valores" (N.pág.). Al respecto, José Luis González señala que el antihéroe "puede ser el que no subscribe los valores asociados con el héroe sino otros, que no tienen que ser negativos, sino que pueden ser simplemente distintos, aunque igual de positivos, o al menos igual de positivos desde otros puntos de vista" (376). Por lo tanto, al antihéroe no le importa tener esta virtud o moralidad, al contrario, muestra abiertamente sus defectos como sus virtudes.

En las novelas contemporáneas se incorpora, asimismo la estructura mítica del héroe. Según Juan Villegas: "la novela moderna incorpora, consiente o inconscientemente, una estructura mítica fácilmente advertible en las leyendas de los pueblos primitivos y que constituye la columna vertebral de los héroes legendarios del pasado" (19). Por lo tanto, la interpretación de los textos que abordan a un héroe se aproxima a lo que la crítica ha denominado método mítico o arquetípico. Las ideas elementales de la estructura mítica fueron expuestas por Joseph Campbell en su libro <u>The Hero of the Thousand Faces</u>.[2] Según Campbell el héroe es una figura con la obligación de enfrentar una serie de pruebas, cuya consecuencia directa será la obtención de algo meritorio, tanto para el personaje como para la humanidad (30). El mito de la aventura del héroe se presenta "como un indicio de los problemas y de las inquietudes de nuestra época, fenómeno por lo demás característico de la reaparición de los mitos" (Villegas, 16). El esquema de la teoría del héroe arquetípico de Campbell; sobre el proceso de la aventura del héroe normalmente sigue un patrón que consiste en "una separación del mundo, la penetración a alguna fuente de poder, y un regreso a la vida para vivirla con más sentido" (40). Básicamente, Campbell distingue tres unidades nucleares: separación o partida, iniciación y el regreso. Estas unidades se subdividen a su vez en mini temas que van marcando las distintas etapas del viaje. El esquema de la teoría del héroe arquetípico de Joseph Campbell es el siguiente esquema:

1. Separación o partida
   a) La llamada a la aventura
   b) Respuesta afirmativa o rechazo de la vocación
   c) La ayuda sobrenatural
   d) Muerte a la vida
2. Iniciación
   a) El camino de las pruebas
   b) El encuentro con la mujer como tentadora
   c) Reconciliación con el padre
   d) Apoteosis
3. Regreso
   a) Aceptación o rehusamiento a regresar
   b) Vuelo mágico al punto de origen
   c) Rescate desde afuera.
   d) Cruce del segundo umbral
   e) Libertad para vivir

Por lo tanto, el héroe según Campbell tiene siempre un recorrido cíclico, pues el punto de partida coincide con el de llegada en su travesía. En un principio, aparece como un personaje que responde a un llamado o solicitud de ayuda, al cual en el inicio se había negado. Al empezar sus aventuras, es sometido a una serie de torturas y sufrimientos que equivalen a las pruebas o las tareas difíciles. Como resultado de este viaje, el héroe alcanza un estado de conciencia más alto que antes. Cuando vuelve el héroe, el mundo al que pertenece es restablecido (40-55). Boris Tomachevski en <u>Teoría de la literatura</u>, destaca que no es la fábula en sí, la carga de contenidos e ideas, la que requiere de la presencia del héroe, ya que puede ser enunciada independientemente de éste (267). También, concluye que "el héroe nace de la organización del material en una trama y es por una parte un medio para enlazar los motivos y, por la otra, una especie de motivación de carne y hueso del nexo entre motivos" (269).

En el caso de la estructura de la novela Vladimir Propp, en su texto <u>Morfología del cuento</u>, formuló una tipología, según las funciones de los personajes, de la idea de esferas de acción. Estas esferas corresponden a los personajes que llevan a cabo las funciones. En el caso de la esfera de acción del héroe comprende: la partida con vistas a la búsqueda, la reacción ante las exigencias del donante y el casamiento (34). Por otro lado, John Jones en <u>On Aristotle and Greek Tragedy</u> señala la importancia de la acción del personaje y considera que es importante tener en cuenta como se representa la acción. La acción puede definirse fundamentalmente como afirmación de sí mismo (24). Aristóteles en la <u>Poética</u> menciona que tanto los fracasos como los aciertos son significativos. Terry Eagleton retoma la idea de Aristóteles y llega a la conclusión de que el héroe se representa por sus acciones; pero para que se den esas acciones, es necesario que el personaje tenga un objetivo o varios propósitos (72).

En consecuencia, las acciones o errores llegan a convertir al personaje en un héroe o en un antihéroe. El término tragedia en el <u>Diccionario de la lengua española</u> se define como: "suceso de la vida real capaz de suscitar emociones trágicas" (N.pág,). Como consecuencia, los personajes se ven enfrentados de manera inevitable a acciones fatales. Aristóteles señala que la tragedia la determina la acción dramática del personaje protagónico. Por ejemplo, Aristóteles define la tragedia como: "la reproducción imitativa de acciones esforzadas, perfectas, grandiosas, en deleitoso lenguaje, cada peculiar deleite en su correspondiente parte; imitación de varones en acción, no simple recitado; e imitación que determine entre conmiseración y terror el término medio en que los afectos adquieren estado de pureza"(138). De esta manera, Terry Eagleton indica que las antiguas cuestiones discutidas por siglos sobre lo trágico no ha perdido el interés en la audiencia, sino que sigue siendo tema recurrente en la literatura contemporánea (75). Por ejemplo, nos menciona que el tema vinculado a la tragedia es el héroe trágico con sus elementos como son el destino, justicia, compasión, temor y placer. De la misma manera, Eagleton menciona la importancia de la tragedia como una forma dramática, cuyos personajes se ven enfrentados de manera inevitable hacia acontecimientos trágicos o un desenlace fatal. Por consiguiente, la tragedia se determina por la acción dramática del personaje. Según Aristóteles, la tragedia es la imitación de la acción de los seres humanos y menciona que las características del héroe trágico son: el sufrimiento, ser condenado desde el comienzo, ser noble por naturaleza y tener libre albedrío.

Por otro lado, Lukács en su libro La teoría de la novela se ocupa de hacer un análisis de la naturaleza de la degradación del héroe y la del mundo. Por ejemplo, señala que la asociación entre el héroe y el mundo es consecuencia del hecho de que ambos se encuentran degradados respecto de los auténticos valores (45). Para Lukács si el individuo acepta como una realidad la fractura de los valores auténticos, se elimina la búsqueda, quedando sólo el personaje en su mundo, sin atinar a nada que no sea reflejar una impotencia absoluta. Asimismo, Renee Girard en Mentira romántica y verdad novelesca coincide con Lukacs, para él la novela es también la historia de una búsqueda degradada para un héroe problemático, en un mundo corrupto. El estudio sobre la novela de Girard destaca la idea de que la degradación del mundo de la novela es el resultado de un mal ontológico desarrollado y establece dos formas de mediación que son la externa y la interna; la externa consiste en que el agente mediador es exterior al mundo en que se desarrolla la actividad de búsqueda del héroe y la interna consiste en que el agente mediador forma parte de este mundo (67).

El antihéroe es un personaje de acción que fracasa en su lucha contra el mundo, sus acciones no lo benefician, también, ama lo imposible, afronta situaciones desagradables y es sensible. Eagleton menciona que un héroe trágico puede ser un personaje sin morales como un personaje frívolo, celoso, posesivo y que forma parte de una narración afligida que da compasión. Por eso, el antihéroe lucha con alguna desavenencia trágica, tal como un pasado atormentado o enfrenta razones que no son necesariamente bondadosas. Generalmente, el antihéroe es un personaje marginado, silenciado y reprimido; es un personaje que tiene parte de su personalidad lastimada. Asimismo, puede ser un personaje que es destruido como individuo por los perjuicios, estereotipos e injusticias para no lograr desarrollarse como héroe. En otras palabras, es un personaje que se ve a sí mismo como víctima del mundo exterior que lucha contra las injusticias, corrupción o discriminación. El antihéroe podría decirse que aparece con la presencia del pícaro en la literatura española del Siglo de Oro.[3] El surgimiento de la literatura picaresca se debe a la situación social y económica de la población española de la época. Por ejemplo, las guerras que mantiene España y la conquista de América surgen individuos que tienen una vida inestable. Al reflejarse esta situación en la literatura se crea la figura del pícaro. Algunas características del pícaro son que desea mejorar su condición social, por eso, comete procedimientos ilegítimos como el engaño y la estafa. Es un ser astuto que siempre está en guardia y destaca por sus fechorías. Es Marginado, por lo general, aparece como criado de personajes que pertenecen a diversos estamentos sociales a los que critica duramente. Su narración es testimonial o biografía. Tiene un tono de nota amarilla con cierto humor. Generalmente, el pícaro sobrevive en casa situación y sólo roba para subsistir. Por eso, siempre hay simpatía por el pícaro. [4]

El antihéroe opone sus características a las virtudes del héroe o del caballero, carece de todo sentido del honor convencional; es egoísta y sólo le importa vivir y disfrutar el presente. Asimismo, un antihéroe puede ser aquel personaje que utiliza medios dudosos para sobrevivir o alcanzar sus objetivos. Es precisamente esta lucha por sobrevivir la que nos aproxima a las novelas con una perspectiva mítica del héroe plantada por Campbell. Según José Luis González es importante conocer las condiciones del héroe como las del antihéroe. Como lo explica:

> "Para entender el funcionamiento lógico de categorías como las del héroe y antihéroe conviene tener presente que sus contenidos respectivos son valores y que al usar el término antihéroe estamos tomando tácitamente una postura en el latente conflicto de valores…asumimos como valores por antonomasia unos (los de la clase dominante, por ejemplo) y convertimos a los valores alternativitos en carencias o negatividades, lo cual es naturalmente arbitrario." (377)

De igual importancia, es anotar como el antihéroe se define como ser humano que la adversidad o la desgracia le llegan a causa de un error. Aristóteles menciona que se "le trueca la suerte en mala no precisamente por su maldad o perversidad" (149). Este error puede provenir de la ingenuidad, de una debilidad o un error que origina la tragedia. Por eso, Aristóteles establece que el error sirve de punto de partida para la acción de la trama; también llamado hamartía que es el problema fundamental del personaje. La hamartía se puede definir como desmesura, es un sentimiento que rige la conducta y las acciones del personaje. En el transcurso de la trama o al final, los errores son castigados o lo llevan a la perdición. Por consiguiente, el antihéroe es víctima de sus propios errores, como de sus cualidades personales porque se muestra con sus defectos y virtudes. Especialmente, puede ser víctima de su entorno porque el error puede ser rebelión contra lo establecido, así como establece Rodríguez Adrados: el "error que es ya muchas veces…rebelión contra el orden del mundo basado en la supremacía de los dioses" (25). Por lo tanto, los errores o las funciones que realiza son debido a que trata de sobrellevar las injusticias de la sociedad. En otras ocasiones el antihéroe comete errores debido a su ignorancia que lo hace presa fácil del engaño o equivocaciones. El no es culpable totalmente de sus errores. Se podría decir que es un antihéroe debido a que fracasa en su intento por lograr la felicidad, pero su justicia es la voluntad que lo anima a seguir sobreviviendo. Por esta razón, sus anécdotas le sirven para autorretratarse por medio de sus errores y experiencias que presentan una realidad adversa llegando a representarse como antihéroe.

El antihéroe justifica sus acciones a consecuencia de sus necesidades, errores, injusticia o un evento infortunado. Esto se afirma en la Poética de Aristóteles cuando se define las peripecias, o sea, los giros para llegar al final. La peripecia "es el cambio de la acción en sentido contrario" (159). Es decir, es el acontecimiento que convierte la felicidad en desdicha. La peripecia también pueden ser los obstáculos que se interponen entre el protagonista y sus objetivos. En ocasiones la peripecia es un cambio de decisión del personaje y la acción de la historia continúa por un rumbo inesperado. Cuanto más drástico es el cambio de fortuna, más efectiva es la peripecia. Otro elemento para el cambio de estado en la tragedia es la anagnórisis o reconocimiento. Éste es el cambio que se efectúa de la ignorancia al conocimiento. Al respecto, Aristóteles indica que "el reconocimiento es una inversión o cambio de ignorancia a conocimiento que lleva a amistad o enemistad de los predestinados a mala o buena ventura" (146). El personaje reconoce sus errores y asume las consecuencias de sus actos infortunados que lo llevan convertirse en un antihéroe. Asimismo, Aristóteles menciona que "el mejor tipo de reconocimiento es aquel que surja de la acciones mismas, produciéndose según verosimilitud, la sorpresa y desconcierto" (155). Por esta razón, Aristóteles reconoce la anagnórisis como el momento más importante de la tragedia, porque es el momento de autorreflexión donde el personaje descubre lo que sucede. Además, es el clímax, que lleva al desenlace o a la liberación de lo acontecido. Por eso, todo antihéroe debe experimentar un cambio distinto a lo que se esperaba. Se encuentran dos tipos de anagnórisis: la primera es cuando el protagonista descubre algo sobre sí mismo, o cuando se revela algo de otro personaje. También, en una trama pueden existir varias anagnórisis que provocan diferentes decisiones en el personaje y llevarlo a otro destino incierto. Sin duda alguna, la peripecia y la anagnórisis son elementos importantes en el texto porque caracterizan al antihéroe, por ejemplo, el narrador revela esos momentos de peripecia y anagnórisis con sensibilidad y drama para hacer los eventos más humanos, exagerados o con ironía con el propósito de exaltar una conducta o acciones partiendo de la realidad.

Por otra parte, para que el personaje se considere antihéroe tiene que aceptar el sufrimiento o el miedo. En referencia a esto, Terry Eagleton señala: "thorough his courage and endurance, the hero converts the mystery of suffering into intelligibility, redeems it and achieves reconciliation. Our faith in the human condition is accordingly fortified and reaffirmed" (76). Asimismo, establece que el miedo y el dolor no son más que dos reflejos del sufrimiento humano. El miedo y la angustia son el presentimiento del decaimiento y la derrota. Aristóteles establece que el héroe aparece como un personaje poderoso que no le teme a nada; en cambio el antihéroe es un personaje ordinario que no puede superar el temor. En este caso, el antihéroe siente el miedo de resignarse a una vida insignificante, pero no tiene otra alternativa que aceptar las injusticias, las mentiras y la corrupción como una forma de vida; entonces eso es lo que le aguarda. Generalmente, el antihéroe exhibe sus actos transgresivos y en algunas ocasiones goza de las consecuencias de sus actos impropios y no se arrepiente. En otras palabras, su pesadumbre se convierte en una necesidad para satisfacer su placer o para seguir existiendo. Por ejemplo, el antihéroe descubre el poder y el placer en la denigración de su identidad. Como lo establece Leo Bersani: "la dominación y la sumisión se convierten en fuentes de placer cuando se las estetiza y escoge como las convenciones que el juego necesita para concretarse" (108). Como resultado de su situación, el antihéroe toma ventaja de su posición sumisa y marginal; la humillación y la sumisión de su persona exaltan su identidad y satisfacen su placer.

El describir a un personaje principal como antihéroe brinda la posibilidad de abordar personajes ordinarios. Juan Villegas en su libro <u>La estructura mítica del héroe en la novela del siglo</u> menciona que: "nuestra sociedad tiende a eliminar al superpersonaje, y la tendencia democratizante conduce a destacar y mostrar un tipo humano que, en vez de elevarse por encima del nivel medio de la sociedad, suele corresponder al que vive dominado y mil veces aniquilado por su contorno o las estructuras y sistemas vigentes" (61-63).

Un antihéroe se puede definir como una persona ordinaria que carece completamente de algún aspecto heroico particular; es víctima de sus propios errores o representa rasgos negativos de la personalidad tales como la inseguridad, el egoísmo y la cobardía entre otras características. Por lo general, el antihéroe se comporta inmoralmente y no siempre tiene las buenas intenciones o las cualidades del héroe. Arthur Schopenhauer reconoce la tragedia ordinaria en el drama, señalando que en estos casos el héroe ordinario es a menudo simplemente una persona corriente, tratada injustamente por la sociedad que termina prevaleciendo (22). Eagleton indica que no hay distinciones para las tragedias, por ejemplo, la tragedia es una experiencia de todos los días; por eso, concluye que en las novelas contemporáneas el personaje ordinario lo representan como héroe junto a los héroes de la antigüedad (78). Robert Segal menciona sobre el mismo contexto: "the present- day hero is often lowly even within the human community... more the loser than the winner...The contemporary hero is not a great figure who has fallen but a figure who has never risen" (8). Por lo tanto, la idea es provocar un efecto de igualación, mostrando como un hombre que lleva una vida inmoral puede ser el personaje principal en una novela como cualquier otra persona. La exposición transgresora y con alto contenido de rechazo social, busca neutralizar o normalizar su posición marginalizada con otros personajes de características visiblemente distintas.

Sin embargo, el héroe no solamente está constituido de valores y virtudes sino también de añoranza y del deseo de escapar de la realidad. Por el contrario, el personaje que se representa como antihéroe es rebelde social que no acepta o no se conforma con el orden social, se siente insatisfecho o decepcionado con el sistema de valores de la sociedad en que vive. Por ejemplo, las injusticias, la intolerancia e incidentes que le ocurren, lo obligan a ir descubriendo el verdadero trasfondo de la cultura impuesta. Al respecto, José Luis González plantea que: "el autor puede entonces servirse de su personaje para hostigar a sus lectores, para enseñarles otras posibilidades de vida, para agudizar espíritu crítico, o simplemente para expresar su rebeldía ante los valores establecidos por las clases dominantes" (370).

El antihéroe a medida que continúa con sus aventuras indebidas se debilita y se incrementan sus problemas. Busca su libertad, quiere liberarse del ambiente, pero sólo consigue su propia destrucción y de este modo llega a entenderse con sus desaventuras y no ser aceptado en la sociedad. Por esta razón, es víctima de una sociedad que no le agrada; sus errores lo llevan a un desengaño que no supera y se queda estancado en ese mundo de confusión, sin poder cambiar su situación, a tal punto que llega a conformarse con su estilo de vida. Su condición de antihéroe lo encamina al fracaso de sus objetivos, puesto que sus acciones rompen con el sistema armónico. Esta ruptura del sistema se da a través de la alteración de la función típica de los valores de la sociedad. Por ejemplo, las anécdotas del antihéroe reflejan la realidad del marginado que no se ubica en su mundo social, sólo la pobreza o las injusticias afectan su identidad social y consciente o inconscientemente se plantea la necesidad de buscar una nueva forma de vida, por lo general errónea. Por lo tanto, los valores del antihéroe no son válidos para el sistema de vida en que se encuentra; entonces se le niega la posibilidad de conciliación entre él y la sociedad sin encontrar cabida en ese mundo.

En los textos que se aborda, la simpatía que se le tiene al personaje principal es fundamental; se desarrollan vivencias de un colectivo humano cada vez más marcado en la sociedad. Al respecto, Aristóteles indica que el texto debe contener sentimiento de solidaridad e identificación por parte del lector o espectador con los héroes y sucesos que se narran, por ejemplo, la acción trágica debe ser sentida como propia. Schopenhauer señala que los personajes más poderosos como reyes o aristócratas son los mejores protagonistas, también menciona que las tragedias de la clase baja pueden ser resueltas con la ayuda de otros seres humanos. Al respecto, Lukas expone que los héroes trágicos deben ser personas distinguidas; igualmente, Hegel indica que entre más prestigiosos los personajes es más inminente su tragedia (29). Por otro lado, Eagleton señala que se tiene más simpatía por alguien subordinado a uno (78). El antihéroe es presentado desde una perspectiva de simpatía que contagia al lector, aún pese a sus prejuicios o errores anteriores. De acuerdo con Aristóteles, el héroe trágico es víctima de sus propios errores como de su entorno y por sus cualidades personales resulta un personaje atractivo. Al respecto José Luis González sugiere: "el antihéroe es presentado al lector bajo una perspectiva de franca simpatía por parte del autor, y que el efecto de la lectura suele ser que esa simpatía que el autor muestra hacia el antihéroe se le contagie al lector aún pese a sus prejuicios anteriores" (370). La sensibilidad del antihéroe y sus aventuras típicas de cualquier persona son aptas para convocar rápidamente la atención y el afecto del lector. Sin embargo, este antihéroe en contradicción con el contexto social se mantiene admirado y logra la identificación con el lector, goza de simpatía y de compresión popular debido a que rompe con los valores tradicionales de la sociedad para lograr sobrevivir o para tomar venganza. Esto, se debe a que es percibido con una personalidad fuerte, es líder y puede generar identificación especialmente en los jóvenes; como resultado, conlleva el riesgo de que sea idealizado como un modelo. Además, su perfil de rasgos subversivos puede llevar a que tenga una capacidad de convencimiento, a veces producto de la restricción. Por este motivo, los lectores inconscientemente les gustarían realizar las acciones de este tipo de protagonista, ya que el sistema no les ha permitido expresarse. Por lo tanto, el lector también transgrede al leer las anécdotas del antihéroe.

Hay varios elementos que le brindan veracidad a las anécdotas del antihéroe, como lo es presentar un relato realista con un personaje tomado del entorno cotidiano; presentando las injusticias, la ignorancia y la corrupción con acontecimientos actuales. Sobre la veracidad, Aristóteles comenta que es necesario que las tramas bien construidas no deban comenzar en cualquier punto y terminar en otro, es decir, tiene que tener un comienzo, un nudo y un final de forma que los acontecimientos lleven a otros de forma lógica. Para Aristóteles la veracidad es un concepto de suma importancia para la estructuración de los hechos, es decir, los hechos reales son ordenados por el autor: "ningún acto debe quedar sin explicación racional dentro de la trama" (153). Por eso, Aristóteles prefiere que estos acontecimientos sucedan lógicamente y que el proceso de estado de felicidad a desdicha sea verosímil y necesario. En este caso, las anécdotas del antihéroe cumplen con la forma lógica de los acontecimientos y cuentan la vida desde la infancia hacia la madurez pero continuamente encuentra dificultades para adaptarse a la sociedad. Está claro que, la historia del antihéroe se puede considerar como novela de Bildungsroman,[5] en el sentido de que la personalidad o carácter del protagonista no permanece estático. La novela se cuenta basada en eventos ordenados cronológicamente y con una estructura lógica y verosímil. El termino de bildungsroman; en Literary Terms: A Dictionary se define como: "A portrait of the youthful development of a central character" (30). La narración del antihéroe se traza desde el idealismo juvenil hasta la madurez, sólo que a diferencia del Bildengsroman, al final de la historia del antihéroe no hay renuncia a si ideología, sino defensa.

Otro elemento que le proporciona veracidad a la obra es que recurre a espacios comunes que existen en determinadas ciudades. De igual modo, el lenguaje empleado en la narración caracteriza al personaje brindándole veracidad. La forma de hablar y el lenguaje son un reflejo social de la vida privada del personaje, que lo caracteriza como antihéroe y como alguien único. Es importante considerar la forma en que el protagonista exhibe y hace accesible su historia a los lectores; además, es importante analizar cómo estructura por escrito los pormenores que según él, constituyen el mundo social. Es evidente, que la narración del antihéroe cuestiona la capacidad del lenguaje; se narra con una voz que generalmente se asocia con un discurso no hegemónico, usando la tradición oral y reproduciendo la expresión de la gente. La función de la oralidad [6] es darle voz en la literatura a los que nunca han hablado como los marginados o rechazados. Además, la oralidad y el lenguaje popular del antihéroe son importantes porque están presentes como elementos subversivos para contradecir la hegemonía patriarcal. Uno de los favorecedores de la oralidad ha sido Walter Ong porque argumenta que lo oral es la raíz de la escritura porque no puede existir lo escrito sin un antecesor como la oralidad. Para Ong los elementos de la oralidad son:

"1. La agregativa es cuando tiene varios adjetivos.

2. La redundancia es cuando se encuentran una serie de repeticiones como imágenes, símbolos y lugares

3. El relato es concreto y abstracto es cuando se muestran referencias concretas y cercanas al mundo humano vital

4. Hay un apego a la experiencia humana

5. Tiene matices agonísticos es cuando se presenta una exageración de los eventos.

6. Se encuentra empatía y es participativo, hay una identificación con el personaje."

Walter Ong indica que el pensamiento se relaciona de modo articulado con el sonido y que el lenguaje existe como hablado u oído independientemente de la escritura (45). Por ejemplo, algunas lenguas existieron y se transformaron en otras sin haber llegado a la escritura.[7] Otra importancia de la oralidad es su carácter anti-retórico porque va en contra del buen decir que incluye el mal decir a través de vocabularios populares y en ocasiones vulgares. El antihéroe utiliza la oralidad como campo de creación, acepta vocabularios, puntos de vista y formas y niveles narrativos con los que logra trascender contenidos regionales. Así pues, la oralidad da la oportunidad al personaje de explorar entre sus propios recursos comunicativos, las opciones espontáneas de expresarse del mundo desde el interior de sus experiencias íntimas. En suma, el uso de la tradición oral y la palabra cotidiana son parte del manejo de personajes populares como el antihéroe.

Una de las principales características del antihéroe es que de ningún modo se arrepiente de sus acciones, ni rechaza su vida pasada, sino que la defiende. Con su conducta demuestra que no ha cambiado en nada y que su estilo de vida en vez de ser atacada tiene que ser aceptada. Según José Luis González: "el antihéroe es un ser que se rige por valores alternativos que el escritor puede asumir e incluso tratar de inculcar a sus lectores" (377). Por consiguiente, el antihéroe se plantea la necesidad de crear un nuevo discurso capaz de establecer nuevas pautas de integración y justificar su conducta para no ser juzgado, sin antes ser escuchado. El personaje se manifiesta en contra de la sociedad e introduce la ruptura con el sistema moral predominante. Por lo tanto, el discurso del antihéroe transgrede la ley porque es un elemento de resistencia y un acto de rebeldía contra lo establecido. Al respecto, Foulcault menciona que: "la gente se esfuerza en decir con la mayor exactitud lo más difícil de decir, y se confiesa en público y privado...uno se hace a sí mismo confesiones imposibles de hacer a otro y con ellas escribe libros" (75). El personaje en su función de antihéroe, emite un discurso que reta al poder que se produce en todos los niveles sociales, para debilitar al poder impuesto y desestabilizar el discurso de la hegemonía. Al respecto Foucault señala:

> "Omnipresencia del poder: no porque tenga el privilegio de reagruparlo todo bajo su invencible unidad, sino porque se está produciendo a cada instante, en todos los puntos, o más bien en toda relación de un punto con otro. El poder está en todas partes; no es que lo englobe todo, sino que viene de todas partes." (113)

En consecuencia, las aventuras del antihéroe se glosan en un discurso para refutar los valores tradicionales de la sociedad; imponerse a las instituciones; y al poder hegemónico. Al respecto, Stuart Hall señala:

> "Their techniques of protest and dissent contravent the norms of political legitimacy which institutiionalize political

conflict. They take up deviant segues, adopt deviant life-
styles and attitudes, in part because of the elective affinity
between their political aims and socially subversive values,
in part as a way of dramatizing and symbolizing their
alienation from the dominant orientations of the hegemonic
system." (69)

Se utiliza a un antihéroe como personaje principal como medio
de transgresión, debido a que su conducta y hábitos encarnan una
resistencia ante el poder y quebrantan lo establecido. El antihéroe
rompe las normas sociales con elementos de transgresividad al
introducir los temas de la promiscuidad, la prostitución, las drogas,
el lenguaje, la extravagancia en sus acciones, entre otros aspectos.
Como resultado, la resistencia y la rebeldía se fundamentan como una
relación contra el poder hegemónico. Su firmeza radica entonces en
la capacidad de todo sujeto de reaccionar, de oponer una fuerza en
sentido contrario a la acción que se ejerce sobre él. Según Foucault:
"donde hay poder hay resistencia, y no obstante (o mejor: por lo mismo),
ésta nunca está en posición de exterioridad respecto del poder...Los
puntos de resistencia están presentes en todas partes dentro de la
red de poder" (116). Los obstáculos que se manifiestan en contra del
antihéroe asumen diversas formas de resistencia. Por ejemplo, estas
alternativas de resistencia se reflejan en el cuestionamiento de su
condición discriminada y marginal.

A través del discurso del antihéroe se representa la realidad de un
personaje marginado que no se ubica en su mundo social. El objetivo
de su discurso es romper con el silencio; es decir algo que se quiere
oír pero muy pocos se atreven a expresar o escribir. Por lo tanto, el
antihéroe utiliza la confesión a manera de discurso, con el propósito
de establecer la verdad de su situación marginal. Foucault, se refiere
a la confesión como un instrumento más del poder para extender su
presión sobre el sujeto, como se explica en el siguiente fragmento:

"La confesión es un ritual de discurso en el cual el sujeto
que habla coincide con el sujeto del enunciado; también es
un ritual que despliega una relación de poder, pues no se

confiesa sin la presencia al menos virtual del otro, que no es simplemente el interlocutor sino la instancia que requiere la confesión; la impone, la aprecia e interviene para juzgar, para castigar, perdonar, consolar, reconciliar; un ritual, finalmente, donde la sola enunciación, independiente de sus circunstancias externas, produce en el que las articula modificaciones intrínsecas: lo otorga inocente, lo redime, lo purifica, lo descarga de sus faltas, lo libera, le promete salvación." (78)

La confesión encuentra su mejor representación en un discurso sin censura para desenmascarar la verdad velada; así este acontecimiento va a proceder a la destabilización de la hegemonía para obtener la libertad que está limitada por el sistema patriarcal, el cual impone ciertas pautas que no dejan realizarse al sujeto como persona. Esta confesión se produce cuando se hace en presencia del otro que juzga, castiga o perdona. De modo que, el interlocutor puede ser otro personaje o el mismo lector. Quizás, con su historia a cuestas, busca ser un trasgresor. Este personaje actúa, para la dinámica de la novela, como aquél que no tiene una vida normal y, sin embargo, a través de su discurso trata de convencer de que puede entenderse y convivir perfectamente con otros individuos en la sociedad.

El antihéroe muestra su preocupación primordial por encontrar su identidad, porque en sus aventuras se conduce en direcciones opuestas por diferentes factores como las relaciones que mantiene con los padres, con los amigos, la clase social, la religión y las necesidades sexuales. El Diccionario de la lengua española define al termino identidad como un: "conjunto de rasgos propios de un individuo o de una colectividad que los caracterizan frente a los demás" (N.pág.). En este caso la identidad se construye simbólicamente a partir de las personas de un país o región, para así establecer los límites de su pertenencia cultural; obteniendo un sentido de reconocimiento social frente a otras colectividades. Según, Eribon Diedier: "la identidad es un proceso subjetivo y emocional que permite a las personas y a los grupos ubicarse en el mundo. La identidad ofrece seguridad a las personas, creen saber quiénes son, de dónde vienen...y hacia dónde se dirigen" (9). Por lo tanto, la identidad es el sentido del yo que proporciona una unidad al antihéroe en el transcurso del tiempo. El punto de vista de Oscar Guash sobre la identidad es que:

"La identidad es un proceso subjetivo y emocional que permite a las personas y a los grupos ubicarse en el mundo. La identidad ofrece seguridad a las personas...Crear la identidad permite orientar la vida de las personas y de los grupos. Las y los homosexuales, hasta hace poco, carecían de ese poder. Es un derecho que conquistan desde los años sesenta. Las identidades gay y lesbiana son el resultado de esa victoria." (9)

El género sexual le brinda identidad a un individuo marginado como es el antihéroe. Por consiguiente, el género se utiliza para referirse al conjunto de valores, roles, actitudes y expectativas que cada cultura elabora adjudicándolos a varones y mujeres en función de haber nacido con un sexo u otro. En el primer volumen de *La Historia de la Sexualidad, La Voluntad de Saber*, Foucault, señala que no se debe entender la sexualidad como una cuestión privada y natural sino que es completamente construida por la hegemonía, como el resultado de una "tecnología del sexo", concretada como un conjunto "de nuevas técnicas para maximizar la vida" (149). Esto fue impulsado por la burguesía con el objetivo de asegurar su posición en el poder. Por eso, con la crítica del feminismo y de la teoría queer, se afirma que no se encuentra ninguna autenticidad absoluta en el individuo. Los individuos se convierten en hombres o mujeres con el proceso de aprendizaje y de socialización. Según, Teresa De Laurentis el género es:

"La representación de una relación, es decir, la relación de pertenencia a una clase, a un grupo, a una categoría. El género es la representación de una relación o, si puedo anticipar brevemente mi segunda proposición, el género construye una relación entre una entidad y otras entidades

que están ya constituidas como clase, y tal relación es
de pertenencia....el género asigna a una entidad,
digamos un individuo, una posición respecto a otras clases
preconstituidas." (37)

Lo que desea aseverar Teresa de Laurentis es que el proceso de
constitución del subordinado no se realiza sin la determinación del
género, y que, por eso, la masculinidad es una construcción, cuyo
resultado es hacer de un ser del sexo biológico femenino o masculino
una mujer o un hombre. Por ejemplo, se es hombre o mujer de formas
habituales en una sociedad. Por consiguiente, el antihéroe cuenta con el
desarrollo de su masculinidad subversiva a través de actos repetitivos
que dependen de condiciones sociales y nos relata cuales fueron sus
experiencias en su representación de antihéroe. De acuerdo con Judith
Butler el género se forma a través de nuestros comportamientos,
conducta o actos, a lo largo de nuestra vida. Además, Butler propone
que la identidad sexual como una condición construida socialmente
y es una representación o "performance" como si fuera una realidad
que requiere práctica para llegar a tener significado. Butler señala:

> "El género es preformativo puesto que es el efecto de
> un régimen que regula las diferencias de género. En
> dicho régimen los géneros se dividen y se jerarquizan de
> forma coercitiva. Las reglas sociales, tabúes, prohibiciones
> y amenazas punitivas actúan a través de la repetición
> ritualizada de las normas. Esta repetición constituye el
> escenario temporal de la construcción y la desestabilización
> del género."(Críticamente subversiva 64)

De este modo, el concepto de lo masculino y lo femenino son
arquetipos que regulan el comportamiento de las personas, y se
basan en la repetición de ciertos sucesos. La identidad de género se
configura con actos reconocibles, cotidianos y repetidos. Sobre esta
formatividad del género, Butler menciona:

"La perfomatividad del género sexual no consiste en elegir de qué género seremos hoy. Performatividad es reiterar o repetir las normas mediante las cuales nos constituimos: no se trata de una fabricación radical de un sujeto sexuado genéricamente. Es una repetición obligatoria de normas anteriores que constituyen al sujeto, normas que no se pueden descartar por voluntad propia. Son normas que configuran, animan y delimitan al sujeto de género y que son también los recursos a partir de los cuales se forja la resistencia, la superversión y el desplazamiento." (Críticamente subversiva 64)

El género es resultado performativo experimentado por el individuo como una identidad natural. Mediante la repetición de actos, se crea el efecto de género del antihéroe. Así pues, el proceso de repetición es una reconstrucción y una experimentación de un conjunto de significados ya establecidos socialmente y es la forma de legitimarlos. A causa de que las actitudes y el comportamiento del antihéroe son adquisiciones del grupo en que creció. El ambiente y las situaciones en las cuales creció el antihéroe contribuyen a determinar el carácter de la personalidad. Partiendo del estudio de Judith Butler, Eva Gil Rodríguez establece que la idea de performatividad "presupone ejecuta, que interpreta, y a su vez éste (el sujeto) no posee una existencia previa a dichas acciones que lo conforman" (N.pág.). Además, menciona que la performatividad, "no es un acto único sino una repetición y un ritual que logra su efecto mediante su naturalización en el contexto del cuerpo" (N.pág.). Por consiguiente, para Eva Gil Rodríguez el performance "debe ser ejecutado, presentándose a un público e interpretándose según unas normas preestablecidas; el acto performativo produce a su vez unos efectos, es decir, construye la realidad como consecuencia del acto que es ejecutado" (N.pág.). Por consiguiente, la construcción de la realidad del antihéroe se forma a partir de los actos performativos.

Las narraciones que presentan un tema homosexual son la revelación de un sujeto enajenado por un sistema de poder opresor y moralizador. De acuerdo con José Quiroga "in Latin America, as well as in Europe, male homosexuality in particular is historically bound to very concrete processes of social engineering and modernization" (12). De la misma manera, José Cortés menciona la importancia de la identidad homosexual: "en las actuales circunstancias ser gay significa mucho más que acostarnos o amar a otro hombre... ser gay tiene una concreción clara en todos los aspectos de nuestra vida cotidiana; desde la actividad profesional que elegimos (huimos de los oficios más machistas y buscamos los más liberales), hasta la ciudad o el barrio en el que deseamos vivir" (115). Dentro de este contexto, la homosexualidad sirve como una experiencia existencial centrada en la búsqueda de una identidad auténtica contra la represión sexual. Oscar Guash expone que: "las identidades gays y lesbianas son estrategias de defensa diseñadas por las personas homosexuales para protegerse de la sociedad que les agrede" (9). Es evidente que, el antihéroe utiliza su discurso para justificar sus acciones con el propósito de romper con el estereotipo del homosexual y reivindicarlo. Una de las principales funciones de la teoría queer es mover las sexualidades marginales a la crítica de los discursos y representaciones sobre las sexualidades. De modo que, la teoría queer es inclusiva porque incluye a los subgrupos de la población homosexual. No pone en consideración la religión y la clase social entre otros elementos. Al respecto, In Queer Theory: An Introduction, Annamarie Jagose señala que:

> "A zone of possibilities'...always inflected by a sense of potentiality that it cannot yet quite articulate...describes those gestures and analytical modes which dramatize incoherent in the allegedly stable relations between chromosomal sex, gender and sexual desire." (3)

Por lo tanto, Jagose constituye un etiquetado crítico que engloba el estudio de las denominadas minorías sexuales, identidades y discurso políticos cuyo único común denominador es su posición marginal en el régimen de la sexualidad y trata de hacer inteligibles las identidades de gays, lesbianas, bisexuales, transexuales y los que no encajan con los modelos identitarios de la ortodoxia heterosexual. Sobre el término "queer" Sedgwick señala en su libro Tendencies que:

"Queer can refer to: the open mesh of posibilitéis, gaps, overlaps, dissonances and resonances, lapses and excess of meaning when the constituent elements of anyone's gender, of anyone's sexuality aren't made (or can't be made) to signify monolothically." (8)

De la misma manera, Simon Watney indica que la cultura queer rechaza el considerar a las lesbianas y a los gays simplemente como minorías diferentes. Esto significaría aceptar la validez de una estructura superior en torno a las clasificaciones sexuales organizadas alrededor de la dualidad homo/hetero (18). Consecuentemente, lo queer no excluye, sino que incluye tanto lo heterosexual como lo homosexual celebrando y no condenando. El elemento fundamental de la teoría queer: es la crítica del saber y considerar la posición donde los homosexuales se enfrentan a los efectos de la relación poder y saber de los discursos dominantes. Ahora ya no es la búsqueda de las causas de la homosexualidad; sino el cuestionamiento de la opresión hacia los homosexuales, los orígenes sociales e históricos y las relaciones entre sexualidad y poder. Al respecto, Foster menciona que:

"Lo queer busca las apropias y las fisuras en la estructura del patriarcado no solamente para ejercer su trabajo de análisis y de construcción sino también para apropiarse del poder del patriarcado. Más allá del fenómeno flexible de la hipocresía noción que se puede extender desde las jugadas para tapar la disyunción entre decir que las cosas son así." (Producción cultural 48)

De modo que, el término queer "describe una diversidad de prácticas y prioridades críticas: interpretaciones de la representación del deseo por el mismo sexo en los textos literarios...críticas al sistema sexo-género; estudios sobre la identificación transexual y transgenerizada, el sadomasoquismo y otros deseos transgresores" (Spargo 15).

La homosexualidad se construye a partir de la perspectiva heterosexual, en la que se identifica la homosexualidad masculina con lo femenino y viceversa. Así como lo establece Jonathan Ned Katz, el heterosexual es como la unidad, pero siempre necesita de la existencia de la otredad del homosexual para establecer sus límites y pretender ser. Al respecto, Córdoba menciona que:

> "La teoría queer nos sitúa en una posición en que la identidad es interrogada y criticada por sus efectos excluyentes (toda identidad se afirma a costa de un otro exterior que la delimita y constituye como interioridad), y al mismo tiempo es considerada como efecto de sutura precario en un proceso que la excede y que imposibilita su cierre y su estabilidad completa (toda identidad es constantemente amenazada por el exterior que ella misma constituye, y está inevitablemente abierta a procesos de rearticulación y redefinición de sus límites."(61)

Su identidad de antihéroe lo convierte en representante de la masculinidad subordinada al modelo hegemónico y ser homosexual desempeña una función social para el hombre heterosexual. Consecuentemente, las identidades se construyen por afirmación, pero también por negación; para el heterosexual el homosexual es un punto de referencia para establecer los rasgos masculinos. Diana Fuss menciona que la heterosexualidad como la homosexualidad se influyen constantemente y vienen impuestas desde el poder mediante la jerarquización, así como lo menciona en el siguiente fragmento: "each is haunted by the other, but here again, it is the other who comes to stand in metonymically for the very occurrence of haunting and ghostly visitations"(3). Por consiguiente, Fuss examinó la interpendencia de heterosexual/homosexual y la oposición conexa dentro/fuera en las culturas dominantes y oposiciones; estableciendo que la heterosexualidad se entiende como un producto de la homosexualidad. Por otro lado, Butler plantea que el imperativo heterosexual permite ciertas identificaciones sexuadas y excluye y repudia otras:

"Esta matriz excluyente mediante la cual se forman los sujetos requiere pues la producción simultánea de una esfera de seres abyectos, de aquellos que no son "sujetos", pero que forman el exterior constitutivo del campo de los sujetos. Lo abyecto designa aquí precisamente aquellas zonas "invisibles", "inhabitables" de la vida social que, sin embargo, están densamente pobladas por quienes no gozan de la jerarquía de los sujetos, pero cuya condición de vivir bajo el signo de lo "invisible" es necesaria para circunscribir la esfera de los sujetos. Esta zona de inhabitabilidad constituirá el límite que defina el terreno del sujeto; constituirá ese sitio de identificaciones temidas contra las cuales - y en virtud de las cuales- el terreno del sujeto circunscribirá su propia pretensión a la autonomía y la vida." (Cuerpos que importan 19)

Por este motivo, el espacio de lo repudiado, lo rechazado, lo excluido, generalmente se ocupa por todos aquellos individuos no heterosexuales. El discurso hegemónico que impone la matriz heterosexual requiere una práctica reiterativa de su discurso para protegerse de la permanente amenaza de lo repudiado. Por eso, la heterosexualidad se reafirma como lo natural, lo normal, lo aceptado socialmente y todo lo que queda fuera es calificado como antinatural, anormal y repudiable. Uno de los elementos utilizados para mantener la homosexualidad en el espacio de lo repudiado ha sido a través de la homofobia.

Así, de ese modo el antihéroe acepta su identidad subalterna que le corresponde en la sociedad patriarcal. Al respecto, Diana Fuss establece que "homosexuality, read as a transgression against heterosexuality, succeeds not in undermining the authoritive position of heterosexuality so much as reconfirming heterosexuality centrality precisely as that which must be resisted" (6). En consecuencia, los homosexuales permanecen fuera de la sociedad hegemónica. Para Oscar Guasch en su artículo "Minoría Social y sexo disidente de la práctica sexual a la subcultura", afirma que: "las relaciones sexuales entre varones son unas prácticas sociales en torno a las que se ha construido un estilo de vida primero y una subcultura después" (159). Por lo tanto, se ha configurado una identidad homosexual y una subcultura, gracias a las experiencias homosexuales. Por ejemplo, el uso del término queer ha tenido otras implicaciones. Por ejemplo, el estilo de vida homosexual es algo más que una atracción desafiante que conduce a la auto-aceptación.

El antihéroe quiere apartarse de la norma social y en algunos casos se enmascara fingiendo seguir la ley, por este motivo, el antihéroe exhibe una actitud heterosexual como una pantalla creada en repuesta a la presión de la sociedad. Se entiende que el hombre para ser socialmente aceptado tiene que mantener una conducta masculina. Según Monique Wittig "estos discursos de heterosexualidad nos oprimen en la medida en que nos niegan toda posibilidad de hablar si no es en sus propios términos y todo aquello que los pone en cuestión es enseguida considerado como primario" (49). Por lo tanto, el término masculino se refiere básicamente a la fuerza, el dominio y el intelecto, mientras que lo femenino es la debilidad y la pasividad. Connell define la masculinidad hegemónica como "the configuration of gender practice which embodies the currently accepted answer to the problem of legitimacy of patriarchy, which guarantees the dominant position of men and the subordination of women" (77). Asimismo, Judith Kegan Gardiner, señala que la masculinidad se analiza en torno a "men's most private attitudes: by considering embodiment, sexuality and emotions, the show men not as generically human but as gendered male persons" (10). Sobre está masculinidad Oscar Guasch en su libro <u>La crisis de la heterosexualidad</u> reitera:

> "La identidad masculina se construye en torno al arquetipo de héroe. Sin embargo, el héroe no es más que un macho maquillado con una cierta sofisticación simbólica. Y, tanto en el macho como en el héroe, la incapacidad afectiva se correlaciona bien con un tipo de identidad masculina agresiva y violenta." (128)

El antihéroe es rebelde ante las imposiciones de la sociedad pero, también cae en el juego de mascaras que le brinda la sociedad. De acuerdo con Badinter, el ideal masculino en la sociedad contemporánea tiene ciertas características básicas. Para empezar, el hombre carece de feminidad y tiene que renunciar a cualquier tipo de afecto. Por eso, la homosexualidad se ha confundido con afeminamiento. Otra característica es que la masculinidad se mide por el poder y la admiración que le tienen los demás. Al mismo tiempo, se debe ser importante en el ámbito social, al justificar siempre el reconocimiento que el hombre trata de buscar siempre con el trabajo y el éxito económico para alcanzar ser "un gran hombre". Además, el hombre tiene el compromiso de ser potente, independiente, poderoso y autónomo. Por último, el varón necesita ser el más fuerte de todos y si es necesario podría utilizar la violencia. Por ejemplo, abusar del poder, humillar al débil y someter a quien considera su amenaza (160-161). De la misma manera, Brian Pronger se refiere a esa necesidad y habilidad que tiene el homosexual de pasar como heterosexual. "The ways gay men think are very much the result of having to deal with homophobia. To avoid suffering in potentially homophobic settings […] gay men learn to pass as straight" (80). Asimismo, Jeleniwski se refiere a la importancia de mantener una conducta masculina ante el público en la cultura latina, como vemos en el siguiente fragmento:

> "En las culturas latinas, donde la familia es considerada una institución significativa, hay una relación particular entre vida privada y pública. A menudo el interior de culturas católicas hay un énfasis en mantener las apariencias en público y en el comportamiento correcto, lo que puede abrir una brecha particular entre las vidas emocionales internas que las personas no esperan compartir y la manera cómo se presentan ante otros…cuando los varones jóvenes descubren que tienen sentimientos sexuales por su mismo sexo, pueden sentirse perturbados y ansiosos por este descubrimiento; pueden sentirse avergonzados y amenazados en su sentido de masculinidad, aislados, solos e incapaces de valorar sus propios deseos." (20)

En el espacio silenciado en el que el antihéroe se envuelve, revela la verdad de los sentimientos homosexuales bajo un comportamiento heterosexual. Sobre este espacio silenciado Córdoba señala:

> "Los conceptos de armario o estar en el armario, utilizados por la comunidad gay y lésbica, hacen referencia a un silencio impuesto por la norma heterosexual a una realidades que deben por imperativo reservarse, en el mejor de los casos, al ámbito de lo privado. Mientras la heterosexualidad se expresa de forma pública en múltiples espacios, rituales, instituciones, las relaciones homosexuales carecen de esos espacios y prácticas." (51)

El antihéroe homosexual busca un auto-reconocimiento en el espacio cerrado que es el "closet". Al respecto, Eve Kosofsky Sedgwick en su libro Epistemology of the Closet explica que hay varias formas de permanecer en silencio; por ejemplo, el closet genera un régimen de conocimiento y en torno a él se emiten conflictos relacionados con la visibilidad y la represión, sobre lo que se dice y no se dice. En ese espacio cerrado, fuera de la visión de la sociedad, el antihéroe realiza sus actividades ilícitas como son las relaciones homosexuales, promiscuidad o la prostitución en la seguridad que le proporciona lo privado. Al respecto, Sedgwick señala que:

> "In many, if not the most, relationships', coming out is a matter of crystallizing intuitions or conventions that had been in the air for a while already and have already established their own power-circuits of silent contempt, silent blackmail, silent glamorization, silent complicity." (53)

El antihéroe tiene un poder al estar dentro del "closet" porque en este espacio silenciado tiene la oportunidad de manejar o revelar la información o la verdad a su antojo, que por lo general el sistema dominante prefiere desconocer por depender de ella. Cuando el antihéroe sale del "closet", lo hace basándose en la necesidad de conocer o de revelar. Sedgwick menciona que lo difícil de la salida se relaciona con la problemática de tener o establecer una identidad homosexual en la sociedad que lo está reprimiendo, pero que de está forma lo está haciendo existir. Como consecuencia, el discurso facilita el control de la revelación del conocimiento sexual y el efecto que ésta puede tener, para así crear un espacio secreto. Según Eve Kosofsky Sedgwick propone que entre lo que se conoce o lo que se desconoce, lo explícito e implícito acerca de la definición homo/heterosexual se tiene la capacidad de ser capaz de revelar discursos velados a la vez que encubrir otros.

De igual importancia es el espacio, donde se desenvuelve la identidad del antihéroe. En este caso, el antihéroe habita en la urbe, las experiencias del antihéroe se desarrollan en la ciudad debido a que es un lugar donde se encuentra la diversidad. En estas áreas importantes del país se desarrollan los conflictivos encuentros y aventuras de cada antihéroe. Al respecto, Foster en su libro Latin American Writers on Gay and Lesbian Themes comenta "this modernization is characterized by a proliferation of discourses on sexuality, especially in the urban areas. It is also in the urban areas where one begins to see a proliferation of public spaces where homosexuals gather" (xxiv). La ciudad favorece la actitud del antihéroe debido a que su socialización transcurre en las calles, callejones, clubes, bares y parques. Moverse en estos espacios es una manera de esconderse, es la huida de la soledad, de la incomprensión y de la no pertenencia. Por ejemplo, no cree en la educación y en las instituciones, ya que no puede desenvolverse como persona pues no acepta su identidad social, ni su oficio; entonces el antihéroe se mueve por espacios urbanos al buscar la aceptación de su identidad como antihéroe. Por este motivo, habita en espacios concretos degradados, como lugares de prostitución, baños, cines para adultos o esquinas. Sitios con aspectos despectivos que refuerzan su degradación. En su posición marginal, sabe lo que significan estos lugares de exclusión; estos espacios son esenciales en el desarrollo de la identidad marginal como antihéroe y como homosexual. Por lo tanto, su espacio degradado es importante porque le brinda protección, tranquilidad y puede expresar libremente su sexualidad. Soja, señala que los espacios son fundados por la hegemonía:

> "These representations, as semiotic imagery and cognitive mappings, as ideas and ideologies, play a powerful role in shaping the spatiality of social life. There can be no challenge to the existence of this humanized, mental space, a spatialized mentalité. But here too the social production of spatiality appropriates and recasts the representations and significations of mental spaces as part of social life, as part of second nature." (121)

Los espacios donde se desarrolla la vida del antihéroe, se convierten en centros urbanos en el espacio privilegiado de los encuentros e intercambios de las inaceptadas relaciones homosexuales, creando las precarias realidades. Por ejemplo, la frustración, la sordidez, incluso, la violencia, son cuestiones fundamentales y de todos los días en el espacio del antihéroe. El espacio asignado del antihéroe se representa como un lugar donde todo es decadente, sucio e inmoral, este ambiente degenerado termina por contagiar al antihéroe de esa degeneración.

En la narración del antihéroe son más importantes las acciones y los acontecimientos que el desenlace. Terry Eagleton menciona que un héroe trágico no debe morir necesariamente, el padecer situaciones desagradables o infortunadas puedan considerarlo como un héroe trágico (78). El sufrimiento y su desdicha son consecuencias de la acción del héroe y su importancia está en aceptar esa acción. Por eso, la historia del antihéroe no tiene un final específico, sino que posee un final abierto y la tragedia se desarrolla en varias ocasiones dentro de la trama. Generalmente, el antihéroe continúa en la misma situación o no puede superar su tragedia a causa de que no tiene muchas opciones y oportunidades en la sociedad.

Otro aspecto notable en las narraciones del antihéroe es la catarsis que tiene que ver con el lector. La catarsis es fundamental en la novela del antihéroe porque así el lector se identifica con las injusticias del protagonista y de esta manera puede provocar cambios en toda la organización del gobierno, del estado y de la colectividad. De acuerdo con Aristóteles la catarsis es la liberación de los males cuando el final se está cumpliendo y el lector tiene una liberación en sí mismo. Por ejemplo, cuando el personaje ha alcanzado su destino trágico, el lector se libera de la tensión trágica que ha tenido a lo largo de la obra. En la narración del antihéroe reconoce su fracaso hacia el final de la historia y parece que se da por vencido ante sus objetivos y se encierra en sí mismo; piensa que debe abandonar su ciudad o suicidarse porque la situación que vive le impide ir a hacia un mejor destino o a la felicidad. Según, Juan Villegas: "es sorprendente advertir la frecuencia con que aparece la situación en que el protagonista, por medio de la experiencia de la muerte -personal o ajena, real o simbólica-, descubre la trivialidad de su existencia y a través de ella emerge, en busca de una nueva vida" (123). Este recurso tiene valor confesional y favorece a la compasión e identificación del lector y aumenta en persuasividad con el personaje.

En conclusión, el antihéroe conforma un universo complejo en el que el desarraigo, la desesperanza, el desempleo, la marginalidad y la frustración de expectativas, ponen de manifiesto a un individuo cada vez más desamparado y sin control de las situaciones que rigen su vida. También, se muestra a un antihéroe con una total libertad de prejuicios en un contexto social que le otorga profundas cargas de significado, desarrollando así nuevas formas expresivas más cercanas a la vida. Por eso, al utilizar a un antihéroe se hace para darle un estilo realista a la novela desenmascarando las apariencias. Desde el inicio de cada trama se establecen las características del antihéroe, por ejemplo, forma parte de una sociedad industrializada y machista que es la causante de sus temores y contradicciones. Se considera antihéroe debido a su falta de virtud, porque la adversidad le llega a causa de un error o escoge una identidad no aceptada por la sociedad. En las novelas contemporáneas se sigue incorporando la estructura mítica del héroe, por eso, son importantes los modelos de construcción del héroe como las del antihéroe en la narrativa. Las ideas de las estructuras míticas expuestas por Campbell son fundamentales para entender el proceso de la aventura del héroe, patrón que consiste en la separación del mundo, la penetración a alguna fuente de poder y un regreso a la vida para vivirla con más sentido. Al antihéroe no le importa poseer virtud o moralidad, al contrario, muestra sus defectos como sus virtudes sin ninguna restricción.

De esta manera, el antihéroe está representado por sus acciones, por eso, es un personaje de acción o de anécdota, debido a que, su narración expone el porque se ve obligado a buscar una manera de sobrevivir y de mejorar su estilo de vida. Por lo tanto, el antihéroe es el que realiza actos que podría haber hecho un héroe, pero no cree en la sociedad que se beneficia de esos actos y tiene un comportamiento no modelo, sino que fracasa en su lucha contra lo establecido, afrontando situaciones desfavorables. Sus anécdotas le sirven para autorretratarse por medio de sus errores y experiencias que presentan una realidad adversa. El antihéroe justifica sus acciones a consecuencia de sus necesidades, errores, o injusticias. Por ejemplo, a través de sus aventuras conoce la realidad de su situación y toma conciencia del peligro de su ilusión; por eso, no tiene otra opción más que aceptar las injusticias, las mentiras y la corrupción como otra forma de vida. El antihéroe exhibe sus actos transgresivos y expone cínicamente que disfruta del sufrimiento, tomando ventaja de su posición sumisa y marginal. En todo caso es un antihéroe de la cotidianidad, de la supervivencia, dentro de un sistema donde el poder se come al más débil. La causa inmediata de su crisis es la contradicción de los valores que se le inculcaron; es un rebelde social que no acepta o no se conforma con el orden social pero al final no logra cambiar el orden del sistema, ni establecer una ruptura. Hay que tener en cuenta que se representa con una perspectiva de simpatía; esa simpatía que el antihéroe muestra contagia al lector, aún pese a sus prejuicios o errores anteriores. En consecuencia, al lector le atrae ese tipo de personaje que sobrevive una situación oprimida gracias a su capacidad y astucia.

Finalmente, las anécdotas del antihéroe se narran con una voz que generalmente se asocia con un discurso no hegemónico, usando la tradición oral y al reproducir la forma de hablar de la gente. La historia del antihéroe se convierte así en un discurso para refutar la sociedad; imponerse a las instituciones; a los valores de la sociedad y a la hegemonía. Considerando que la confesión es un discurso, por eso, se utiliza la confesión con el propósito de establecer la verdad de su situación marginal. Utiliza su discurso para justificar sus acciones con el propósito de romper con el estereotipo del homosexual y reivindicarlo. Así, de ese modo su identidad de antihéroe lo convierte en representante de la masculinidad subordinada al modelo hegemónico, debido a que desarrolla su masculinidad subversiva a través de actos repetitivos que dependen de condiciones sociales. Asimismo, el antihéroe se enmascara siguiendo las normas sociales, con un comportamiento heterosexual como una pantalla creada en respuesta a la presión de la sociedad. Al final de cada novela, el antihéroe continúa en la misma situación adversa y de decadencia a causa de que no tiene muchas opciones y oportunidades en la sociedad.

Capítulo Dos

La representación del antihéroe en El Gladiador de Chueca de Carlos Sanrune

La novela El gladiador de Chueca del escritor Carlos Sanrune desarrolla el tema de la búsqueda de la identidad del antihéroe para expresar la realidad social existente y denunciar los problemas que trae consigo la sociedad española. La construcción de la imagen del mundo se efectúa a través de la confesión del personaje principal que proporciona concepciones de valores o prejuicios y sus vivencias. La visión del mundo se compone de su versión positiva, la conducta ejemplar y conflicto con los valores tradicionales de la sociedad. La obra de Carlos Sanrune utiliza la narración de un antihéroe y aborda la cuestión de la prostitución homosexual, una de las más peculiares caracterizaciones de la masculinidad subordinada. Al usar el antihéroe como personaje le da voz al marginado que se dedica al amor mercenario, más o menos secreto, el cual no tiene otra opción, más que prostituirse. A través del antihéroe se simboliza la realidad social en España con el fin de denunciar la imperfección de la sociedad, como la opresión y las injusticias, pero a la vez se percibe que el homosexual lleva una vida de goce sexual, irresponsabilidad, promiscuidad, drogas, alcoholismo, soledad; es decir, cae en un hundimiento total. Con estos elementos se construye una novela capaz de examinar algunos tópicos socioculturales, con humorismo, hasta convertir al protagonista en un antihéroe que acarrea problemas causados por la falta de dinero, las costumbres de la clase media-baja y las injusticias sociales. Se recurre a un antihéroe como personaje principal porque posee una enorme fuerza de atracción en el lector por sus constantes errores, su ambición y espontaneidad ante cada situación que vive. Asimismo, los problemas de la economía de España han contribuido a incorporar la prostitución como manera de sobrevivencia. Por esta causa, el antihéroe es producto de la sociedad en la que vive y de sus circunstancias. Por este motivo, en este capítulo me propongo demostrar que "el gladiador" es deshumanizado por la sociedad, la moral y la necesidad, así como sus constantes desatinos. Está claro que para comprender la vida del antihéroe se tiene que indagar en su pasado. Su lucha de sobrevivir nos permite aproximarnos a la novela desde una perspectiva mítica. Es de suma importancia, analizar las características del antihéroe para destacar la intención de la narración al poner en evidencia el cinismo de la sociedad, al esfumar la existencia de un antihéroe en su colectividad.

El texto de El gladiador de Chueca logra su unidad estructural mediante la presentación de un relato aparentemente lineal de los acontecimientos que en realidad logran un patrón en el que se cumplen las etapas planteadas por Joseph Campbell en The Hero with a Thousand Faces y convierte al protagonista en el antihéroe arquetípico no en un héroe. La representación del antihéroe se le da a un individuo que no comparte los valores, las características y el camino del héroe.[8] Sobre cómo se representa el héroe o antihéroe en la novela contemporánea, Juan Villegas establece:

> "El mito de la novela del héroe se hace presente en la literatura moderna como un indicio de los problemas y de las inquietudes de nuestra época, fenómeno por lo demás característico de la reaparición de los mitos. Los rasgos de los mismos constantemente adquieren los contenidos ideológicos adecuados a la visón del mundo que en cada caso la aventura conlleva." (16)

Por consiguiente, el héroe típico logra superar las carencias por su honra o sus valores morales, actitudes que le permiten vencer las adversidades y triunfar al final. El héroe queda definido en primer lugar por una cualidad diferencial: es el soporte de un cierto número de rasgos como la belleza, la valentía, cualidades que los demás personajes no poseen, o si las tienen se encuentran en una posición inferior. En cambio, el antihéroe es un personaje central o secundario, con una personalidad deteriorada que generalmente se asigna a individuos degradados. Sin embargo, tiene cualidades bastante heroicas como sus intenciones y sus ánimos para ganar la simpatía de personajes coparticipantes y aún de los mismos lectores. El antihéroe en ocasiones es desagradable, pasivo, lastimoso, cerrado, o aún normal. Por lo general, se le representa en situaciones o espacios con un lenguaje y un comportamiento que no es aceptado en la sociedad. El antihéroe nace con honra y con los mismos valores que el héroe, pero el antihéroe destruye su honra a causa de sus errores o por tratar de alcanzar sus fines de una manera fácil, pero con consecuencias catastróficas. Con estas características se presenta un joven carente de escrúpulos en un contexto social que le pide profundas cargas de significado, desarrollando así nuevas formas personales de vivir en un mundo que le es ajeno. Por ejemplo, reflexiona sobre el papel del homosexual en una sociedad gobernada por hombres. Lo manifiesta con el ideal de alterar los códigos, pero sin sugerir otros mejores. Así como lo plantea José Luis González: "El autor puede entonces servirse de su personaje para hostigar a sus lectores, para enseñarles otras posibilidades de vida, para agudizar espíritu crítico, o simplemente para expresar su rebeldía ante los valores establecidos por las clases dominantes" (370).

El protagonista en forma atrevida, narra sus propias experiencias, siente que debe contarlas y no permanecer callado. Para lograr la representación del antihéroe, el texto lo muestra como a un prostituto en una sociedad machista, sin respeto por las formas morales y sociales, quebrantando los valores establecidos por esa sociedad. Procede a partir de una actitud de la tragicomedia creando una identidad ficticia. Aristóteles establece en su libro <u>Poética</u>, que el héroe trágico es un hombre no virtuoso, cuya desgracia se le viene encima, no a causa del vicio sino por algún error que puede prevenir del desconocimiento que origina la tragedia (187). Por otra parte, el antihéroe es víctima de sus propios errores o de su rebelión contra lo establecido, además, la necesidad y la suerte lo llevan a situaciones miserables sin que nada pueda hacer para mejorar su existencia. Por eso, el relato del gladiador le sirve para autorretratarse a través de sus errores y experiencias que presentan una realidad carente hasta convertirse en un personaje sin motivaciones espirituales; esto se percibe al final del relato "claro, a ver qué coño hace mi menda el día de mañana, porque chaperos de treinta o cuarenta tacos no hay" (164).

Lukács en su libro La teoría de la novela establece que la comunidad entre el héroe y el mundo es consecuencia del hecho de que ambos se encuentran degradados respecto de los auténticos valores (45). El antihéroe ha llegado a convertirse en lo que se llama héroe degradado. Terry Eagleton en su libro Sweet Violence establece que los protagonistas trágicos no necesariamente tienen que ser héroes para ser trágicos también pueden ser personas comunes y la desdicha es una experiencia de todos los días y le puede ocurrir a cualquiera (78). En el caso de El gladiador de Chueca, se muestra a un prostituto que desea contar sus aventuras, memorias y cada una de sus anécdotas para alcanzar la comprensión, respeto y aceptación de la sociedad, de igual forma la de los lectores. Por este motivo, el antihéroe manifiesta que él es un individuo como cualquier otro, por lo que no debe ser desechado por la sociedad. Esto lo manifiesta casi al final de su narración "Pues claro que a veces pienso en eso, tío, que soy chapero pero no un bicho raro" (164).

El antihéroe narra acontecimientos que no son representativos de la literatura canónica. Para ello, el gladiador se expresa en primera persona en su momento de confesarse. Su historia la trasmite en forma de testimonio. Esto es notable cuando relata su experiencia y permite al lector adentrarse y participar en el mundo interior y solitario del personaje. Se apoya en una grabadora para llevar a cabo una confesión espontánea. Estas revelaciones tienen un papel importante porque explican dónde y cuándo se desarrollaron sus aventuras y siempre en secuencia de causa y efecto, pero con un punto de vista muy apartado de lo que acepta la sociedad. El gladiador, en el momento que se encuentra en una situación sin salida, es cuando nos presenta su vida relatando los sucesos que lo han hecho gozar y sufrir. Para realizar este capítulo inicio con las etapas planteadas por Joseph Campbell y también por algunas características de la estructura mítica planteada por Juan Villegas.[9]

La historia de este antihéroe se cuenta desde su adultez, pero inicia su confesión desde su niñez hasta llegar a convertirse en un hombre libre de preocupaciones morales que tiene dificultades para lograr la madurez y adaptarse a la sociedad. La novela proporciona detalles de su familia y su ambiente, los cuales son importantes para el desarrollo de su personalidad. Por ejemplo, desde el inicio de la novela se nota los elementos del antihéroe. Los primeros capítulos funcionan en lo que Vladimir Propp denomina como la situación inicial, por ejemplo, en esta novela el protagonista empieza su narración recordando cuando tenía tres meses: "aunque nadie me suele creer, el primer recuerdo de mi vida es de cuando tenía tres meses... Pues no es norma que alguien tenga recuerdos de cuando se es tan chinorris" (14). Él gladiador comenta que su familia vivía en un pueblo de España del cual no se menciona nombre alguno. Vivía con sus padres y tres hermanas, pero a los siete años de edad su familia decide mudarse a Madrid. Su padre, que era carpintero, abandona a la familia, de él no tiene muchos recuerdos. Como consecuencia del abandono de su padrastro se le presentan problemas económicos y las consecuencias que esto provoca dentro del seno familiar.

La madre y las dos hermanas mayores se hacen cargo de la familia, pero permanecen ausentes en las actividades del narrador. Para él, su familia representa la realidad de esta época, por ejemplo, la ausencia que es vista en adolescentes solos, sin padres o algún adulto que realizan algún tipo de control sobre ellos. La madre, al estar consciente de la falta de atención para su hijo, decide conseguirle una beca en un internado de Sevilla. Los acontecimientos de su infancia repercuten en su vida adulta, por ejemplo, la falta del padre y la poca atención de la madre, que lo condicionan para siempre:

"Dos años después de la escapada de mi viejo, mi vieja pidió una beca para mí, para estudiar en un internado. Se ve que la pobre vería que no podía mantenernos bien y que, además, si me quedaba en el pueblo, pues terminaría currando de albañil o algo así...La beca era para estudiar en un internado de los salesianos." (33)

La separación o partida planteadas por Campbell se ven en esta novela cuando el gladiador se separa de su familia y es llevado a un orfanatorio en Sevilla. El orfanatorio representa la esperanza de una vida caracterizada por la libertad y la responsabilidad personal. Su reacción al saber del lugar es de esperanza, libertad, optimismo y expresión de una nueva aventura, así como lo demuestra en el siguiente fragmento:

"Aunque el colegio era de salesianos, de curas, había cantidad de libertadas...Al principio, cuando estaba en elevé y en primero de elepé no nos dejaban salir solos a Sevilla, pero en segundo ya podían salir todos los fines de semana." (35)

Esta llamada a la aventura Campbell la menciona como:

"El destino que ha llamado al héroe y ha transferido su centro de gravedad del seno de su sociedad a una zona desconocida. Esta fatal región de tesoro y peligro puede ser representada en varias formas: como una tierra distante, un bosque, un reino subterráneo, o bajo las aguas, en el cielo, una isla secreta, la áspera cresta de una montaña; o un profundo estado de sueño; pero siempre es un lugar de fluidos extraños y seres polimorfos, tormentos inimaginables, hechos sobrehumanos y deleites imposibles." (60)

Ante este llamado del destino, el gladiador como antihéroe, al ser llevado al orfanatorio no se niega a entrar. En otras palabras es lo que Campbell menciona como: "todo lo que pude hacer es crear nuevos problemas para sí mismo y esperar la aproximación gradual de su desintegración" (61). Esto se lleva a cabo el personaje de don Antonio cuando lo inicia en el mundo de la sexualidad quien les proporciona a los estudiantes relatos pornográficos. El gladiador, por su parte, se expresa así de don Antonio: "Imagínate tú qué coño sabría él, que era cura, de eso. Pues bueno, eso, que nos daba, a veces, charlas sobre sexo y esas cosas" (35). Por consiguiente, el orfanatorio es el regreso a su niñez donde él pensaba haber conseguido la libertad, pero al contrario fue el inicio de la cárcel de la que creía haber escapado, y ahora es más controlado que antes. En cambio, la ciudad de Sevilla significa el disfrute de la libertad anhelada. Por ejemplo, el antihéroe menciona: "ese año fue cuando empezamos a salir a Sevilla. En esa época, con dieciséis tacos más calientes que los palos de un churrero a las cinco de la mañana, como decían mis colegas andaluces. Así que salíamos a Sevilla a ligar pibitas" (36). Es en Sevilla, en compañía de sus amigos, que nace su inclinación por la promiscuidad desenfrenada.

Después de dos años, en el orfanatorio, se siente parte de los compañeros de estudios. Este es el episodio cuando el antihéroe emprende la aventura de disfrutar del placer que da su vida sexual y el disfrute de su libertad fuera del orfanatorio, esto lo realiza a escondidas contando con la complicidad de sus amigos. Campbell, en su estudio especifica que el personaje requiere de una fuerza de poder o acompañantes que colaboren o le ayudan en la realización de las pruebas que enfrenta el héroe, tales como encontrar aliados, confrontar enemigos y aprender las reglas del mundo especial. Así lo expresa Campbell "protector y peligroso...este principio sobrenatural de la guardia y de la dirección une en sí mismo todas las ambigüedades del inconsciente, significando así el apoyo de nuestra personalidad consciente" (73). El antihéroe se apoya en los amigos como colaboradores en la liberación y también con las charlas de Don Antonio. Sin embargo, la amistad adquiere relevancia cuando conoce a sus amigos Casado y Alejo que contribuyen a la búsqueda de experiencias en el proceso de ejercer su libertad y su sexualidad. Su sostén emocional lo ha encontrado en la amistad y amor de sus amantes, de tal forma que se siente liberado del orfanatorio y de la misma sociedad que lo reprime. Por consiguiente, con ellos se inicia en las prácticas homosexuales y especialmente Alejo lo hace sentirse protegido. Esto lo vemos en este párrafo del texto donde él se retrata enamorado, sin moral, promiscuo y apartado de las normas sociales.

> "Al Alejo, yo lo he querido mogollón, mas que a nada. Ni al Casado lo había querido tanto, ni la mitad. Era la rehostia, era mi vida entera y mucho más aquel menda. Yo sólo pensaba en él y me volvía majara por su culpa. Cuando lo veía venir hacía mí, haciendo gilipolleces, porque a veces era cantidad de chorra, me moría por él." (71)

El personaje que controla, rechaza y vigila las acciones de estos chicos es la madre de Alejo. Ella actúa como protectora de su hijo y de las normas sociales. Esta madre es la esterotípica madrastra de los cuentos tradicionales, que se propone impedir la iniciación y la aventura de estos personajes. Al lograr desunir la relación de los dos y cuando Alejo se distancia definitivamente del protagonista, entonces se sumerge en la soledad. El recuerdo de Alejo marca emocionalmente al protagonista, así de este modo lo menciona: "que cuando yo buscaba chavalitos de dieciséis…para joder por gusto, pues que en realidad estaba buscando al Alejo de Sevilla y que las pasaré putas porque ya nunca lo encontraré…Fijación" (90). El gladiador se siente frustrado ante los resultados negativos de su relación con Alejo, asume que el afecto fue destruido por la moral social, representada por la madre de Alejo.

En su juventud, el gladiador no comprendía al mundo, no tenía entendí el mundo que lo rodeaba en ese momento. Por eso, se aventuraba en lo desconocido para confrontarse con los valores y distinciones que son importantes en la vida cotidiana y sobre todo para liberarse de la soledad. Considera, que a través de la prostitución va encontrar mejores expectativas de vida, placer y libertad. En el momento en que se le presenta la oportunidad de prostituirse, es cuando empieza la "iniciación" como la llamaría Campbell. Esta iniciación del gladiador, la cual Campbell hace referencia en su estudio, consiste en empezar en el camino de las pruebas y el encuentro con la prostitución como aspecto tentador. El antihéroe acepta los retos y las experiencias que le ha puesto la vida para transgredir la norma. Por eso, él siempre se muestra como una persona libre de turbaciones morales y sociales, e inicia su viaje o aventura simbólica en la prostitución, como una oportunidad para sobrevivir y para satisfacer sus necesidades sexuales y sobre todo disfrutar de su libertad. Se desenvuelve en el mundo de la prostitución en Chueca, área homosexual de Madrid y se hunde en un ambiente de degradación, en el que actúa desatinadamente buscando a toda costa una identidad, un futuro y una anhelada posición económica, con el propósito de ascender a otra clase social, algo que nunca consigue. En esta parte de la novela es cuando el personaje recupera la independencia perdida, hasta la culminación de la experiencia negativa que es el tratar de sobrevivir y satisfacer su libertad a través de la prostitución. Además, cree que en la prostitución existe una posibilidad de salvación personal y económica que a la vez es consecuencia de la soledad, la confusión y la enajenación que sufre. En consecuencia, el gladiador no tiene otra alternativa, porque no tiene dinero y está dispuesto a convertirse en el gladiador de Chueca. Se entiende que ser gladiador es ser un individuo que glorifica toda la grandeza deseable para un héroe, un libertador, un leal servidor que lucha por sobrevivir en un mundo hostil.

Sobre el camino de las pruebas de la iniciación, Campbell menciona: "una vez atravesado el umbral, el héroe se mueve en un paisaje de sueño poblado de formas curiosamente fluidas y ambiguas, en donde debe pasar por una serie de pruebas" (94). Esto es visto en su juventud al salir de la adolescencia cuando se enfrenta a la sociedad que lo reprime. Por eso, se inicia en el descubrimiento del mundo y en el camino de las pruebas como lo notamos en el siguiente fragmento de la novela:

"Terminé la mili más quemado que el Nelson Mandela y con ganas de marcha que ni te cuento. Porque hostia, un año allí encerrado es tela de tiempo y eso es una auténtica cabronada para cualquier chaval...Bueno, pues cuando terminé la mili me dije que necesitaba unas vacaciones y me fui a dedo por la costa...cogí la carretera de Alicante, a dedo y llegué hasta Benidorm." (95)

En este momento se representa totalmente como antagonista debido a que los valores de la sociedad no lo satisfacen. Por lo tanto, se aventura a la vida nocturna para satisfacer su necesidad de libertad ya que aún al desconocer el ambiente, se atreve a preguntar sobre como localizar un bar para homosexuales. Esto lo vemos, en el siguiente párrafo de su narración donde encuentra su primera experiencia en un lugar de este tipo.

"¿Que hice?, pues meterme en un bar de ambiente que encontré preguntándole a uno con pinta muy de locaza que vi por la calle...Cuando iba a entrar me temblaban las patas...pues era la primera vez que entraba en un bar de julais...pensaba que nada más entrar me iban a asaltar y me iban a asaltar y me iban a follar vivo o que aquello sería como una orgía donde todo el mundo quilaba con cualquiera." (95)

El antihéroe justifica que su oficio de prostituto es consecuencia de sus necesidades, errores, suerte y desempleo, todo esto, a pesar de haber terminado una carrera en electrónica. Así lo demuestra en el siguiente fragmento:

"Y seguro que te preguntarás, pero colega, cómo es posible que después de haber hecho el elepé de electrónica y todo ese rollo, hayas acabado tan tirado por ahí, de chapero del Carretas, llendote con los julais más tarras, ¿no?. Pues es verdad, colega. Y no sólo estudié el efepé de electrónica sino que lo aprobé todo en junio y con notables y eso, ¿vale, tío?. ¿Y por qué? y yo que coño sé, la puta vida que se dice. Será mi mala suerte que la caja de arriba no me funciona muy bien, que a veces soy la hostia de gilipollas." (93)

El gladiador es derrotado en sus ideales y decepcionado de sus estudios en electrónica. Toma conciencia de sus errores y su suerte. En base a esta situación personal estructura los episodios de su vida. Al dedicarse como prostituto demuestra la desviación de la norma y la marginación de su género provocando con ello su desastrosa situación moral y ante esto, se enfrenta a este medio ilícito para lograr su objetivo, encontrar una buena posición social para integrarse a la sociedad y así evitar la humillación. Sin embargo, este antihéroe no evoluciona, ni espiritual, ni económicamente; sólo logra representar el deshonor, la inmoralidad y una vida completamente opuesta a la del héroe. Por ejemplo, el sexo es un factor fundamental de su condición, en este caso el homosexualismo, la promiscuidad, la prostitución lo definen como un ser degradado, marginado y miserable. En su condición de antihéroe está sometido al fracaso, puesto que sus acciones rompen con el sistema armónico. Esta ruptura del sistema se da a través de la modificación de la función típica de los valores invariables de la sociedad. Por eso, él quiere hacerse escuchar, y siempre trata de demostrar que su oficio es la única opción para subsistir. Así como lo expresa:

> "Y esta es mi profesión, porque nunca más volví a curar de mensajero, ni de nada. Mi currelo desde entonces es la chapa. Al tajo, me dijo y …a la calle Almirante, o al Carretas o a cualquier sitio con posibilidades. Unos días sacas un mogollón de peleas, quince o veinte peleas y otros no te comes una rosca." (123)

Su actitud es realista porque no tiene muchas opciones debido a las circunstancias económicas que vive su país, pero también es víctima de sí mismo y de la sociedad que lo reprime. Él acepta con orgullo su pasado y sus acciones sin ningún arrepentimiento, no se avergüenza. Este es el primer viaje de autodescubrimiento e involucra un nuevo entendimiento de la relación del prostituto homosexual marginado con el mundo. Es el antihéroe por excelencia, está metido en una situación y lugar que él no escogió, y por eso se muda de su espacio infortunado y de una situación de bajo nivel económico a otro espacio donde puede utilizar a los hombres a su conveniencia para subsistir y satisfacer sus deseos amorosos y sexuales.

El gladiador ha violado las leyes y normas dentro de la sociedad, la cual lo considera como un ser inmoral, al practicar la prostitución. Sin embargo, en contradicción al contexto social, el gladiador se mantiene cordial y optimista en su profesión. Así impone sus valores, alternativos; haciendo que el sistema tenga que aceptarlo, porque a través de su narración él se encarga de transformarlos en valores positivos. Por ejemplo, utiliza una imagen positiva de apariencia inofensiva, para producir compasión a través de su confesión como en las interacciones con los otros personajes, busca imponer ideologías, actitudes y creencias. Al gladiador se le percibe como inocente ante las situaciones que enfrenta. Por ejemplo, la actividad de la prostitución se le presenta casualmente y él no la rechaza, sino que se aprovecha del momento.

> "Así que cantidad de animado y con mis vaqueros más paqueteros, cogí la servilletita de papel donde había escrito los sitios que me había dicho el Omar y me dije, a ver, cuál es el sitio de estos que más cerca queda, que por ahí empiezo. La calle Espinoza y Mina, pues ahí mismo. Y cantidad de chuleta y animado, me fui para allí, a buscar mi primer rollo en plan profesional." (116)

A través del relato el lector puede llegar a sentir cierta simpatía por el antihéroe. Al respecto, José Luis González menciona que: "el antihéroe es presentado al lector bajo una perspectiva de franca simpatía por parte del autor, y que el efecto de la lectura suele ser que esa simpatía que el autor muestra hacia el antihéroe se le contagie al lector aún pese a sus prejuicios anteriores" (370). Asimismo, Terry Eagleton menciona que un héroe trágico puede ser un personaje sin valores morales como un personaje frívolo, celoso, posesivo, envidioso y ser parte de una narración afligida que da compasión (78). Así el antihéroe que se representa vulnerable y desvalido demuestra que puede quebrar la ley y, al mismo tiempo, adquirir respeto y simpatía. Así que, se utiliza la primera persona para comunicar mejor sus aventuras e influir eficazmente en los lectores. Esta narración le sirve para autorretratarse por medio de sus experiencias que presentan una realidad carente y trágica al llegar a ser un antihéroe sin motivaciones espirituales, pero que siempre muestra sus virtudes como defectos. Por este motivo, sus adversidades las disfraza con un tono divertido y como si estas desgracias fueran muy entretenidas; siempre las justifica como parte de su manera de vivir. Cada una de estas situaciones erróneas, él no las escoge sino que se le van presentando inesperadamente. Además, la bondad del joven, es decir, en comparación con los demás personajes que se muestran hipócritas hace que el lector pueda mostrar cierta simpatía y hasta identificación con el antihéroe. Así avanza redescubriendo una vez más las verdades que conciernen al gran misterio de su existencia y representar sus aventuras con gran humanidad para ser comprendido.

Este antihéroe es un joven con enorme incertidumbre. Por ejemplo, en su relato se describe como un triunfador y algunas veces arguye en su contra, reforzando con ello, su imagen de antihéroe. Este discurso reflexivo de evaluación, se muestra en el siguiente fragmento:

> "Recuerdo que yo a esa edad tenía un vicio cantidad de chungo, que llegó a mosquear un huevo a mis viejos...me apalancaba al depósito oliendo la gasolina hasta que llegaba a coger un pedo que me caía...Hacía ¡plas!, y al suelo. Mis viejos me dieron cantidad de palos por este mal rollo que tenía, hasta que perdí el vicio." (19)

Este recurso tiene valor confesional y favorece a la compasión de la audiencia y aumenta en persuasividad. Asimismo, de manera informal, el gladiador cuenta sus pequeñas desventuras y con sarcasmos de sí mismo. Así como se burla de sí mismo, también se burla de la gente que lo rodea, como su familia, amigos y clientes. Por eso, la novela realiza una acusación de la condición humana a través del gladiador al señalar los vicios de la sociedad y desmitificar la realidad humana. Por ejemplo, en este fragmento describe las acciones de un respetable abogado que sostuvo una relación con él.

> "El abogado nos llevó a su habitación y luego nos dijo que
> nos despelotáramos y yo…Luego el abogado se lió con los
> dos y, tío me quedé acojonado. Yo nunca había visto hacer
> tantas mariconadas." (109)

Pero bajo esta mofa de él mismo, así como de las situaciones que se le van presentando hay una tristeza por su condición de vida como por la soledad que siente. Esta acusación, con tono de burla, consiste en las anécdotas a las que se refiere a la situación de su familia, desempleo y la incomprensión por parte de la sociedad.

El antihéroe a través de su caminar se encuentra con personajes que le ayudan a incorporarse a su oficio, así como también a personajes que lo meten en peligros y dificultades. Por ejemplo, dos chicos lo golpean al estar ejerciendo la prostitución en su espacio, dice:

> "Elegí una de las esquinas…pero cantidad de nervios,
> porque me daba cantidad de corte que se me notase que
> estaba allí queriendo levantar julias y por eso de vez en
> cuando me miraba el reloj, como si estuviese esperando
> a alguien… cuando se me acercaron dos troncos con
> cantidad de pinta de manguis y me dicen tú pringao,
> ábrete que los julais que vienen por aquí son para nuestras
> mendas y no queremos gilipollas…en nuestro territorio…
> me machacaron bien…Y cuando me tenían en el suelo, uno
> de ellos va y me dice y la próxima vez te rajamos esa jeta
> tan bonita… y me enseñó una navaja, para que viese que
> lo que decía lo decía en serio." (116)

Como es evidente, la narración del antihéroe explora la fascinación de la vida cotidiana, en una repetición cínicamente realista de las consecuencias sociales por las que atraviesa. La novela se convierte así en una sátira del orden social porque da a conocer una realidad contemporánea, en donde el antihéroe está atrapado en una sociedad hegemónica. Por eso, el gladiador destruye los estereotipos clásicos de la identidad masculina, al introducir una serie de elementos típicamente rechazados por la hegemonía masculina. Esta obra juega un papel importante en la construcción social de la realidad, porque la representación del antihéroe puede ser utilizada para fines expresivos, situaciones humorísticas y marginalmente irónicas; así convierte a la historia en una sátira del orden social.

El humor se hace presente en la novela por el estilo del lenguaje utilizado por el autor. El antihéroe se representa con expresiones ingeniosas en las que el texto capta el modo de hablar de la juventud en ese ambiente y del sitio donde se desarrolla la novela. Su narración se presenta como si él hubiese llevado una vida divertida por el hecho de tener constantes relaciones sexuales, pero sólo es en apariencia, en el fondo él esconde sus dolores, los que calla y oculta. A su vez, los exterioriza en algunas partes de la narración sólo para quejarse amargamente. El antihéroe forma parte de una vida donde los valores morales prevalecen. La existencia del gladiador se ha modificado a través de las experiencias que la sociedad le ha proporcionado. Ahora tiene que retener la sabiduría ganada en la búsqueda, para integrarla a la vida humana. Después, compartirla con el resto del mundo. Para lograr esto, utiliza un lenguaje básico y coloquial, que ayuda a caracterizarlo. Este idioma va de acuerdo con su ideología con el que busca transmitir lo que piensa y siente. Es también, una rebeldía contra lo establecido. Así, este antihéroe representa un grupo social determinado, con su origen, clase social, edad e ideología. Su lenguaje es propio de su educación y medio ambiente. Por lo tanto, impone ciertos usos que se acomodan, que van siendo captados y aceptados en la modalidad lingüística del gladiador. Uno de sus principales motivos por los que usa este lenguaje cotidiano y testimonial, es para sensibilizar al lector y así romper el ambiente normal al exponer el tema de la prostitución masculina. Al respecto, Didier Eribon señala que: "toda palabra que consista que decir la homosexualidad sólo puede, por tanto, entenderse como voluntad de afirmarla, de exhibirla como un gesto de provocación o un acto militante" (149). Por lo tanto, este discurso del antihéroe transgrede la ley porque es un elemento de resistencia sociocultural y una rebeldía contra lo determinado, así como se muestra en el siguiente párrafo de la novela:

> "Total, tío que prefiero no amargarme con eso. Además, ya te lo he dicho, ¿qué cojones gana mi menda con amargarse así a lo tonto con esas ideas?. A vivir al día, tío, que nadie sabe lo que pasará mañana, ¿o tú lo sabes? A lo mejor me mata el camión de la basura ahora cuando salga de aquí, ¿no?" (165)

El antihéroe sigue sus propias normas y su forma de expresar sus ideas para burlarse, a su manera, de lo establecido con una serie de descréditos, en particular, lo heterosexual patriarcal. El lenguaje en uso demuestra prejuicios, conductas orientadas a la rebeldía con una narración divertida, pero también se percibe un sentimiento de frustración que produce dicha experiencia.

El gladiador describe sus situaciones así como expresa las condiciones de su corazón de modo directo. Como consecuencia, el texto se narra con una voz que generalmente se asocia con discursos no hegemónicos, usando la tradición oral y reproduciendo la oralidad popular. Esto es debido a que la novela utiliza una voz que se levanta para manifestar una lucha a favor de la imagen del homosexual y del prostituto. Además, su manera de narrar representa un grupo social determinado. Por ejemplo, esto se percibe en el origen, el lugar de residencia, la clase social, la edad o la ideología del antihéroe.

Se utiliza la tradición oral y el lenguaje popular del antihéroe que están presentes como elementos subversivos para contradecir a la hegemonía patriarcal. Además, esta oralidad le brinda al personaje una equiparación lo más real posible entre personaje literario y ser humano. En ese sentido, al utilizar la oralidad intenta representar lo que el otro es a través de un discurso que busca ser transparente con las resoluciones de este antihéroe. En todo momento el narrador trata de hacer una conversación sincera con el otro. Además, su historia es transgresora y por lo tanto, busca una conexión con el mundo que le permita decir quién es y cómo se siente frente a la situación de no ser comprendido por la mayoría de la sociedad. Por eso, el lenguaje de esta narración tiene los elementos de la oralidad planteadas por Walter Ong que argumenta que la oralidad es la base de lo escrito. Por ejemplo, Walter Ong ha explicado que en el texto escrito el argumento se organiza con un comienzo, un desarrollo y un final. Sin embargo, en el discurso oral, sucede lo contrario: "Starting in 'the middle of things' is not a consciously contrived ply but the original natural, inevitable way to proceed for an oral poet approaching a lengthy narrative" (144). Esto se demuestra en el inicio de cuando la narración se cuenta cuando el protagonista es mayor de edad: "bueno, tío pues lo que ahora sigue, ya no me lo traigo aprendido. Así que a ver cómo me sale" (14).

Walter Ong ha señalado que los relatos de la cultura oral se caracterizan primeramente por un patrón agregativo, que es el usar varios adjetivos. Este elemento agregativo se aplica a la novela porque recurre a varios adjetivos que denominan al homosexual, clientes o al medio ambiente que le rodea. En la novela se encuentran calificativos estereotipados fijados a los homosexuales y prostitutos, en los que se refiere a ellos como chaperos, chulo, gigoló, putos, putónes, locas. Estos conceptos se encuentran en el siguiente fragmento "meterme en un bar de ambiente que encontré preguntándole a uno con pinta muy de locaza…era la primera vez que entraba a un bar de julais" (95). Son conceptos donde se encuentra la actitud despectiva que la misma sociedad española utiliza para los homosexuales. En el lenguaje predomina un vocabulario vulgar que convierte en sensacionalista los hechos relativos a la prostitución homosexual.

La segunda característica de esta oralidad es la redundancia porque se encuentran una serie de repeticiones como imágenes, símbolos y lugares que se repiten a través de la narración. Como lo vemos en el siguiente fragmento de la novela:

> "Bueno, pues lo que te decía de los troncos…No se si te acuerdas que hace un año o así apareció un muerto un tío en el Retiro, ahí por la zona del Ángel Caído, que es donde

está por las noches todo el mogollón del ambiente...Pues lo que te decía que hace un año o así apareció un pavo asesinado en esa parte del Retiro." (144)

Como vemos, la repetición de lugares y palabras hace a la narración más apegada a la realidad y le da un sentido muy coloquial.

La tercera característica es que el relato es concreto y abstracto ya que en el texto algunas ocasiones el hablante nos muestra una referencia concreta del mundo que le rodea, ya sea nombre de calles, monumentos, restaurantes, etcétera. De modo que esta novela menciona un club llamado el Olimpo, la calle de Alicante, la zona del Ángel Caído, el tren de Madrid, sitios que existen en la realidad. Así de esta manera se encuentran referentes que el lector puede identificar y así darle más credibilidad al discurso del antihéroe.

La cuarta característica es que la narración se expresa con cierto apego a la experiencia humana debido a que usa un lenguaje de la vida diaria y expresiones comunes de los homosexuales y prostitutos en España. Esto lo vemos muy claro en el siguiente pasaje de la novela:

"El moneda éste vivía en unos apartamentos con un maromo que era su novio...y el muy putón se había aprovechado para salir a ligar mientras el cachas estaba por ahí...me había dicho que yo le molaba cantidad, que estaba de putamadre, que si quería quedarme a vivir en su piso hasta que volviese su novio y todos estos rollos. Te digo esto porque luego verás que cabrón." (96)

La quinta característica de la oralidad de esta novela es que se encuentra un tono agnóstico, esto consiste en que se presenta una exageración dramática de los sucesos. Un ejemplo se encuentra en el siguiente párrafo del texto:

"No se si te acuerdas que hace un año o así apareció muerto un tío en el Retiro...ahí puede pasar de todo. Le habían dado tres o cuatro puñaladas y le habían

desplumado de todo lo que llevaba encima...yo no vi lo
que pasó, pero estoy completamente seguro de cómo fue...
puedo imaginármelo de putamadre." (144)

Por lo tanto, la función de la exageración es también para apegar
la narración a la realidad, darle un cierto humor, llamar la atención
del lector y una comprensión de las situaciones que se encuentra.

La sexta es que el texto proyecta empatía y es participativo, se
busca una identificación con el gladiador de Chueca e involucrarnos
en su relato. Se dirige directamente al lector como a un amigo y
busca su aprobación. Asimismo, el antihéroe posee simpatía al romper
con los valores y normas sociales y culturales, cosa que el lector
no se atrevería a realizar. De esta manera el lector se imagina
en la posición del antihéroe pasa desahogarse de los prejuicios y
restricciones de la sociedad. Por eso, hay esa identificación e interés
de saber cuales serían las aventuras y las consecuencias por atreverse
a realizar lo que no es permitido. Así, de este modo la tradición oral
proporciona una mayor reflexión en el lector, al sentirse apegado e
identificado con el antihéroe.

Con estas técnicas narrativas de la oralidad, el texto le da voz
a este antihéroe. Por ejemplo, vemos sus creencias, sus tradiciones
y costumbres. Es posible conocer su historia oculta para tener
acercamiento natural, espontáneo hacia el antihéroe. Por lo tanto, al
utilizar la oralidad es una forma de trasgredir porque es un medio en
el cual el marginado tiende puentes para una integración e igualdad
en la sociedad.

A lo largo de la narración su situación no cambia, aún en la clase
social baja se le niega el derecho a la igualdad y a la superación.
En este proceso termina la iniciación del gladiador en la que llega a
comprender el mundo en el que vive y asimila la verdadera situación
de su oficio. Alcanza madurez y en este momento se libera de las
normas morales de la sociedad que le impiden su libertad. En la
última parte del texto, se desarrollan menos anécdotas que en el resto
de la novela. Se produce la decepción de su oficio y del ambiente
homosexual. El antihéroe subsiste en la soledad, sin amigos, sin amor.

En esta etapa de su vida conoce las tristezas, engaños y desilusiones de su oficio. Como resultado, el gladiador simboliza a un antihéroe moderno que se encuentra solo en el mundo. En un mundo que es irreverente y cínico, caracterizado por la ausencia de todo valor positivo, social y moral. Por lo tanto, este antihéroe está aislado de los otros hombres y de sí mismo; se encuentra en el proceso de desligarse de su situación o liberarse del ambiente en el que vive pero al final solamente consigue su propia destrucción. La prostitución se va convirtiendo más opresiva y tétrica, por ejemplo, el protagonista enfrenta varias situaciones de peligro, con obstáculos, como las enfermedades venéreas. Juan Villegas llama a este proceso la caída o el descenso a los infiernos o los laberintos, su punto de vista es que el personaje permanece en la oscuridad o en su marginación y, por último, logra salir de esta situación (116-121). Sin embargo, en el caso del antihéroe, no logra salir de ese hundimiento de la vida. El gladiador ya ha tenido las pruebas, ha llevado a cabo el proceso de la iniciación y debería estar en condiciones de integrarse a las responsabilidades del mundo, pero él permanece estancado y sigue en esa misma vida, sin redimirse.

Hacia el desenlace de la historia, el gladiador reconoce sus fracasos peso sin arrepentirse. Se pregunta que será de su futuro, trata de escapar, pero no tiene entusiasmo alguno. Se debe a que no consiguió los recursos económicos para hacer un cambio y sus experiencias en la prostitución le han permitido tener conciencia de sí mismo, de su realidad, de buscar una nueva posibilidad. Según Juan Villegas: "es sorprendente advertir la frecuencia con que aparece la situación en que el protagonista, por medio de la experiencia de la muerte-personal o ajena, real o simbólica-, descubre la trivialidad de su existencia y a través de ella emerge, en busca de una nueva vida" (123). Por consiguiente, el antihéroe logra la afirmación del yo.

En la etapa del regreso que plantea Campbell, el antihéroe espera un rescate de su situación o una libertad para vivir plenamente, la cual en esta novela nunca sucede. Entonces se da por vencido ante sus propósitos y se encierra en sí mismo. Piensa que debe escapar porque ese lugar y oficio le impide ir a hacia un mejor destino. Expresa:

"A veces pienso en eso, tío que soy chapero, pero no un bicho raro. Claro que a veces pienso en el puto futuro...Y pienso en el futuro y me digo colega, como no encuentras a alguien que se encoñe contigo y que tenga cantidad de pela, el día de mañana la vas a pasar más putas que la hostia. Porque, claro, a ver qué coño hace mi menda el día de mañana, porque chaperos de treinta o cuarenta no hay...Los tarras buscan chavalitos." (164)

El gladiador observa que en su ciudad no tiene ninguna posibilidad de salida, está atrapado en medio de la crisis y sin ninguna oportunidad. Ya no cree en el sistema, ni en la educación ni en las instituciones. Ya no puede desarrollarse como persona pues no acepta su identidad social, ni su oficio. Después de todo logra conocer parcialmente el mundo y, de cierta manera, su inocencia e ingenuidad han sido superadas. Se debe a que el gladiador ha descubierto los sinsabores de la vida, sobre todo por la preparación técnica ya que no consigue trabajo por la cuestión económica del país, así como se siente defraudado por su oficio de la prostitución donde él había depositado toda su esperanza para salir adelante. El gladiador aunque ha tomado conciencia de sí mismo, no ha superado las circunstancias que lo catalogan como antihéroe y se ha resignado a llevar esa vida insustancial.

El propósito fundamental de la obra es que el personaje se manifiesta en contra del discurso de la sociedad e introduce la ruptura en el sistema moral dominante. A través de su relato desea que sus experiencias erráticas sean convertidas en valores fundamentales y que su narración en vez de ser atacada tenga que ser aceptada como cualquier otro tema. Por eso, mediante su representación y confesión antheroica trata también de concienciar sobre el problema y la importancia de la prostitución en cualquier sociedad del mundo.

En conclusión, El gladiador de Chueca se vislumbra en una época caracterizada por la confusión de valores, prejuicios y lleva las marcas reconocibles de los frutos sociales de la década en que vive en España. El texto es la historia de la construcción de un antihéroe aniquilado, miserable y marginado que es víctima de sus propios errores como de su entorno. Este antihéroe es conciente de sus errores y se preocupa por la inseguridad de su presente siempre tratando de subsistir. El personaje del gladiador aunque sufre de diferentes necesidades, burlas, violencia, de hambre y de falta de trabajo.

Resulta ser un antihéroe lleno de atractivo y simpatía para el lector. En suma, se muestran las aventuras del antihéroe que trata de sobrevivir y que al final, no llega a ningún lado, no ha cambiado en nada y no se ha arrepentido. Por eso, uno de los propósitos del texto es hacer que el antihéroe sobresalga con sus anécdotas llamativas en un mundo gris. En este caso, el personaje pone en evidencia el persistente cinismo de la sociedad, abordando el tema de la prostitución. El antihéroe, es una figura contradictoria con facetas positivas y negativas por su conducta antimoral. Nos hace partícipes de sus desventuras con sarcasmos de sí mismo. A su vez, usa un lenguaje orientado a la rebeldía para desacreditar la sociedad y denigrar a las autoridades con las conductas homosexuales y por su insatisfacción en cualquier medio que se desenvuelve. La novela utiliza la oralidad para darle voz al antihéroe y así representar un grupo social determinado, como por ejemplo, el origen, el lugar de residencia, la ideología y las expresiones humanas. El gladiador es un antihéroe que experimenta las frustraciones y límites que le asigna su iniciación en la vida en las calles de Chueca y lejos de su familia. Al final, el personaje se caracteriza como antihéroe porque no consigue su salvación personal, ni su libertad, ni la redención social que ha venido buscando desde el inicio de la novela. Al fin y al cabo, la narración sólo quiere hacernos conscientes del problema de la prostitución masculina a través del uso del antihéroe. Esto nos revela que en cualquier sociedad, existen importantes grupos o personas no satisfechas con los aspectos morales primordiales o normas establecidas y adoptan una figura antiheroica para contar sus formas de vida y hacernos parte de su ideología y de su vida.

Capítulo Tres

La subordinación de la identidad masculina y "performance" del prostituto en la novela Fácil de Luis Antonio De Villena

Las narraciones que abordan el tema de la prostitución masculina emiten juicios que pueden considerarse desde una perspectiva erótica hasta una crítica moralizante. Esto se nota claramente en <u>Fácil</u> que se desarrolla el tema de la búsqueda de la identidad de Rui, personaje principal utilizado por Luis Antonio de Villena. La representación de la imagen se teje a través de la conversación de un joven que proporciona vivencias de su entorno. En <u>Fácil</u> se representa a un personaje que desafía "las buenas tradiciones" a través de su comportamiento un tanto diferente. Partiendo de la proposición de Judith Butler sobre el género, como un acto que es preformativo, se concluye que Rui se aprovecha de su aspecto y su conducta como un acto de trasgresión, donde manifiesta su resistencia ante la hegemonía patriarcal. El aspecto de la construcción de la subordinación de la identidad y el "performance" constituye una identidad masculina como un objeto de deseo. La representación de la identidad masculina, como objeto sexual, es originada por sus carencias económicas, e inclusive por sus necesidades sexuales. Esta construcción de la realidad a partir de estos actos performativos, es la que abordará el presente capítulo. Por este motivo, es importante observar cómo se representa la identidad subordinada masculina mediante un personaje antihéroe que presenta su discurso sobre su conducta antimoral como medio de trasgresión y de resistencia. En consecuencia, el discurso del antihéroe en la novela <u>Fácil</u> representa elementos subversivos. En otras palabras, el discurso constituye un "performance" de su identidad masculina y una justificación de su forma de vida.

La novela trata la vida de un joven llamado Rui, que conoce a un literato en un bar de travestís y éste le cuenta su vida detalladamente. La narración lleva al escritor a ese mundo de las drogas y de la prostitución, al proponer al lector la reflexión sobre un mundo marginado. Por lo tanto, el texto nos revela el discurso de un prostituto. Así, de ese modo el antihéroe no sólo expresa sus actividades sexuales, también aboga por el derecho de la libertad del individuo, al rectificar su conducta y su profesión con el fin principal de no ser juzgado, sin antes considerar las situaciones que lo llevaron hasta ese punto. El protagonista busca, además, la libertad que está limitada por el sistema patriarcal, el cual impone estándares específicos que no lo dejan realizarse como individuo. Rui no encuentra un espacio o aceptación, por consiguiente, expresa en su narración una resistencia a las instituciones que representan la hegemonía, cuestionando dicho sistema. Sin embargo, considera los ideales masculinos, como es el tener una conducta y apariencia masculina en su oficio de prostitución. Para Rui, la prostitución es un mal necesario que le ayuda a buscar una mejor posición económica, pero que también, es su forma natural de vivir, porque sus necesidades básicas como lo son sus amistades y diversiones giran alrededor de sus actividades sexuales, como lo observamos en el siguiente fragmento de la novela:

> "Gabi me enseño, también, a hablar naturalmente de la prostitución. Él sabía que lo hacía y no le importaba, te lo aseguro. La gente cree que siempre vendes tu cuerpo porque no te queda otro remedio o no sabes hacer otra cosa, con la puta mierda de todo, o eres un golfo o un degenerado, o alguien te empuja, que es lo peor. Pero no es así. A veces lo haces porque lo llegas a vivir como una forma natural de vida." (111)

Rui, lejos de presentar su oficio de prostituto, como aberración sórdida, describe su profesión con respeto y admiración; para él es otra opción de vida. De tal manera, el goce sexual que experimenta es el medio de salvación y justificación del personaje, donde el protagonista va adquiriendo su identidad y su conducta masculina.

Así como Rui ofrece su cuerpo, también ofrece sus vivencias, al literato, que es el interlocutor sin rubor alguno. Rafael Ballester señala que "la prostitución no es sólo aquella actividad que lleva a vender el cuerpo: es todo rango...de comportamientos cotidianos que llevan a vender otras partes o aspectos de una persona, tan sagrados o íntimos como el propio cuerpo" (19). En este caso el protagonista también ofrece su discurso tanto al interlocutor como al lector. La intención primordial de Rui es confesarse y denunciar, sin embargo, también él quiere auto justificarse y evitar el castigo de sus actos. Es evidente, que a través de su narración busca un interlocutor que se identifique con él, se compadezca y cuente a otros su vida. Al exorcizar sus experiencias logra estar consiente de sus actitudes, de sus errores, de sus preferencias sexuales y de sus necesidades psicológicas. Por eso, se acerca a un literato renombrado para liberarse de esos errores que cometió en el pasado. Utiliza la confesión a manera de discurso con el propósito de establecer la verdad de la prostitución. Foucault se refiere a la confesión como: "ritual que se despliega en una relación de poder...donde la verdad se autentifica gracias al obstáculo y las resistencias que ha tenido que vencer para formularse" (78). Por lo tanto, esta relación de poder se produce cuando se presenta el otro; en este caso el escritor, el cual aprovecha el momento para formar un discurso sin censura. Así, el texto, través de su personaje desmitifica a los prostitutos y los acerca al lector trasgrediendo los discursos tradicionales. El discurso de Rui reta al poder que existe en todos los niveles sociales, como lo menciona Foucault:

> "Omnipresencia del poder: no porque tenga el privilegio
> de reagruparlo todo bajo su invencible unidad, sino porque
> se está produciendo a cada instante, en todos los puntos, o
> más bien en toda relación de un punto con otro. El poder

está en todas partes; no es que lo englobe todo, sino que viene de todas partes." (Foucault, 113)

Rui, habituado a moverse entre las oscuras esferas de la sociedad, es capaz de realizar lo prohibido dentro de ella. Se anima a revelar su vida al escritor, para llevarlo a través de su narración a un submundo marginado. Rui refuerza el poder de su trasgresión y humillación. No guarda el secreto de su vida, sino al contrario, la publica. La revelación de sus actividades es una estrategia para obtener el cambio social. Según George Chaucey: "la historia de la resistencia gay debe entenderse más allá de la organización política formal, pues también incluye las estrategias de resistencia cotidiana ideadas por algunos hombres para reclamar espacios en medio de una sociedad hostil" (5). Por eso, el antihéroe está procurando un acto de revelación al llevar, tanto al escritor como al lector, a su estilo de vida.

Las experiencias de Rui se narran como una autobiografía y biografía por parte de las personas que le rodean. Juan Pablo Sutherland, expresa: "los géneros referenciales, como la autobiografía o el epistolario, serían una constante en las subjetividades discursivas homosexuales y de mujeres. Es decir, escoger un género menor genera una zona donde la escritura se repliega como secreto sobre sí misma" (76). Con este tipo de testimonio le concede espacio a figuras marginadas y permite al lector participar en el mundo interior y solitario del personaje, convirtiéndolo en cómplice de su estilo de vida. También, para conseguir una mayor complicidad con el personaje se emplea el bildungsroman. Karl Beckson considera este término como: "a portrait of the youthful development of a central character" (30). No obstante, Rui no es el clásico protagonista del bildungsroman que anhela pertenecer a la sociedad y convertirse en un ciudadano respetado. Él rechaza a formar parte de la sociedad y seguir los modelos de la hegemonía patriarcal, aunque esto lo conlleve a ser humillado.

En su narración, Rui también expone los motivos socioeconómicos y sociales que lo llevaron a la prostitución. En su defensa solicita ser comprendido ya que, para entender su conducta actual, es importante analizar su niñez y su adolescencia. Por ejemplo, cuando era niño y no tenía comunicación sobre la sexualidad con lo mayores, "aunque con los mayores nosotros no hablábamos de sexo, sabíamos que ellos también lo vivían. Y nadábamos en la poza desnudos" (21). Por eso, el antihéroe cuenta sus condiciones precarias en la infancia, las cuales transcurren en un pueblo sumido en la pobreza. Por ejemplo, el ambiente en su hogar era hostil e impulsivo, en donde no contaba con la atención que merecía un niño de su edad. Cuenta cómo su padre hace constantes visitas a cierto lugar hasta que lo encarcelan por varios delitos. Su madre menosprecia a sus hermanos y él es constantemente víctima del mal carácter de ella. Esto se percibe en el siguiente fragmento:

> "Mi madre gritaba con mucha frecuencia, porque estaba cansada de los hijos y del marido. Mi padre, desde que era yo pequeño, se iba mucho a Oprto, y no sabíamos por qué. Creo que tenía asuntos allí. Mujeres y chanchullos." (14)

Así es cómo el lector se entera de la pobreza económica, social y emocional en la que vive el protagonista. Por lo general, es debido al bajo nivel económico del pueblo y la emigración a la ciudad. En consecuencia de la situación económica de la familia, Rui es entregado en tutela, por su madre, a un matrimonio. Allí, él encuentra una familia que le ofrece casa, alimento y dinero. Pero desgraciadamente este matrimonio lo utiliza para satisfacer sus necesidades sexuales como pareja y contrarrestar la monotonía en su matrimonio. Ante la sociedad Rui actúa como hijo adoptivo, pero en realidad es el amante. Así vemos como describe a los padres adoptivos:

> "Mercedes y Aurora eran oficialmente mis padres/tutores, pero también eran mis amantes. Mis sabios amantes. ¿Es normal que un muchacho crezca así? Para mí lo era. Fui sabiendo-por lo que mis compañeros contaban-que a los demás padres, o al menos eso dejaban entender, les hubiese parecido repugnante...nunca me dijeron lo que debía o no contar...Dije que eran mis padrinos." (35)

Los padres adoptivos logran que Rui ingrese a la escuela, pero esto no representa una solución para él, sino más bien un obstáculo ya que esto lo aleja de la vida callejera a la que estaba acostumbrado. La escuela significa para él un ambiente opuesto al medio donde se desenvolvía. Ante esto, deja de asistir a la escuela y empieza a salir con nuevas amistades, llega tarde a casa con la finalidad de obtener su libertad perdida.

Después de unos meses, el matrimonio de sus tutores se desintegra. La tutora por un cargo de conciencia se va de la casa. El adoptado se queda un tiempo, pero también termina abandonando a su tutor y regresa a sus viejas costumbres de la calle. Tiene varias aventuras amorosas y escoge vivir a costa de otros como un parásito, debido a que carece de buenos modelos de formación, gracias a que no aprendió un oficio, ni obtuvo educación alguna. Al regresar a su libertad trata de encontrar a alguien que le ofrezca compañía, le brinde protección, ayuda económica y sobre todo comprensión. Rui encuentra amistad con un reconocido diseñador de modas con el cual trabaja como modelo de fotografías pornográficas. Después, encuentra la amistad de un pintor, pero cuando se desgasta la relación, decide entrar a un prostíbulo de hombres. Al igual que en otras ocasiones, tiene problemas con sus amos y regresa a prostituirse a la calle. Por lo tanto, con la narración observamos que la pobreza, la inmigración y su carente destreza para ganarse la vida fueron causas de su recurrente entrega a la prostitución como único mecanismo de supervivencia por las pocas alternativas que tiene a su disposición y sobre todo, por la falta de ahorros monetarios para enfrentarse a una situación inestable en España. En consecuencia, esta situación marca la personalidad del antihéroe, sus relaciones interpersonales, su forma de vivir y concebir la sexualidad y la afectividad, así como la percepción de su rol como varón.

La novela desnuda la fascinación de la vida cotidiana en una repetición cínicamente realista y cruda de las consecuencias sociales de la prostitución, como otras transgresiones. Así de ese modo, el texto se convierte en una ironía del orden social, dándose a conocer la realidad contemporánea en dónde el antihéroe está atrapado en una sociedad machista. Además, utiliza su discurso para protestar, a su manera, en contra de la sociedad y trata de imponerse a las instituciones, a los valores de la sociedad y a la hegemonía patriarcal. Al respecto, Stuart Hall señala:

> "Their techniques of protest and dissent contravent the norms of political legitimacy which institutiionalize political conflict. They take up deviant segues, adopt deviant life-styles and attitudes, in part because of the elective affinity between their political aims and socially subversive values, in part as a way of dramatizing and symbolizing their alienation from the dominant orientations of the hegemonic system." (69)

A través de su discurso se refleja la realidad del joven marginado que no se ubica en su mundo social. Rui es un trasgresor por haber violado el orden y la moral familiar. Los individuos que no siguen el patrón social establecido quedan ignorados por ella. Él desea desenvolverse en un mundo al que no está dispuesto a sujetarse, no tiene un claro deseo de progreso, sólo las costumbres callejeras, la pobreza y sus amistades mantienen latente su identidad. Al encontrar el rechazo de la sociedad, Rui no logra madurar. Al contrario, lo vemos contradecir los convencionalismos sociales. Ante ello, vemos cómo el texto retrata a un antihéroe que se esconde en esa misma ideología de confusión, soledad y vacío, con el propósito de realizar una acusación de la condición humana y la opresión de la sociedad.

La novela propone una inversión del orden social y cultural donde el personaje que llama la atención es el atrevido, el irreverente, el antihéroe que narra sus aventuras al literato, que rompe las reglas, hace latente lo prohibido y lo censurado. Además, mediante la narración de Rui, cambia la vida monótona del literato en un mundo de placer en donde todo es posible. El prostituto con el fin de redimirse y para justificarse desea emplear la literatura, a través de un escritor que conoce en un bar. Tomando en consideración que el canon de la literatura es manipulado por la hegemonía patriarcal, en esta novela es posible que la literatura se convierta en aliada del prostituto al utilizar al escritor como otro personaje. Él le hace saber cómo el sistema de la hegemonía patriarcal influye al ser humano a que se convierta en un hombre impersonal, de tal forma que el marginado, a través de su narración pone en práctica la libertad de ser diferente, defiende sus anécdotas y justifica sus acciones en el oficio de la prostitución. Al respecto, William Foster menciona en Producción cultural e identidades homoeróticas que:

> "Lo queer busca las apropias y las fisuras en la estructura del patriarcado no solamente para ejercer su trabajo de análisis y de construcción sino también para apropiarse del poder del patriarcado. Más allá del fenómeno flexible de la hipocresía noción que se puede extender desde las jugadas para tapar la disyunción entre decir que las cosas son así." (48)

Rui, acepta la identidad subalterna que le corresponde representar en la sociedad, basada en la supremacía de la masculinidad. Al respecto, Diana Fuss establece que: "homosexuality, read as a transgression against heterosexuality, succeeds not in undermining the authoritive position of heterosexuality so much as reconfirming heterosexuality centrality precisely as that which must be resisted" (6). Rui, es consciente de que vive: "en un sistema que no acepta la diversidad y en el que la hegemonía no se da solamente en términos del sexo, pero la especificidad de la homosexualidad hace que se invisibilicen las experiencias particulares de sexualidad que hay en ella" (Grau 238). Sabe que sus actos son percibidos como aberraciones y que su existencia es relegada, por eso hace escuchar sus denuncias: "lo queer busca la liberación de la imposición patriarcal y su circunscripción del placer o de su exclusión más allá de circunstancias muy parciales" (Foster Producción 54). Por ejemplo, es un relato que trata de equiparar las relaciones sexuales de la hegemonía con las homoeróticas, al proponer que el grupo hegemónico, al tener bastantes relaciones sexuales, aumenta su virilidad y no es degradado por la sociedad, como en el caso de las relaciones homosexuales. "Se condena la homosexualidad por acciones cometidas por individuos que son homosexuales, pero esas mismas acciones si las protagoniza un heterosexual no repercuten negativamente en su orientación sexual" (Fuentes 162). Por lo tanto, a través de la figura del antihéroe se ridiculiza la manera en que Rui, a pesar de tener relaciones homosexuales, también siente poder al mantener una vida sexual activa.

La novela trata de mostrar que el patriarcado todavía persiste en la cultura española y que impone cierta identidad masculina: "se construye en torno al arquetipo del héroe. Sin embargo, el héroe no es más que un macho maquillado con cierta satisfacción simbólica" (Guasch 128). Esto es debido a que Rui se desarrolla en una sociedad construida por el discurso hegemónico patriarcal. Es evidente que, el patriarcado enfrenta al hombre con una imagen de varón. Como resultado, su identidad y su vida de prostitución lo convierten en representante de la masculinidad subordinada al modelo patriarcal. Por eso, al confesarse y transgredir no sólo es el prostituto que transgrede, sino que también todos los que juzgan y reprueban sus acciones.

El texto plantea alternativas que subvierten los ideales masculinos tradicionales, rompiendo con los ideales patriarcales en la medida en que la identidad del personaje principal se asocia con la prostitución masculina. Su discurso justifica su oficio como prostituto, pero también demuestra que nunca perdió su comportamiento masculino demandado por la hegemonía patriarcal. En la novela se establece la importancia de la representación masculina para sobrevivir y ser más atrayente en el oficio de la prostitución. La conducta de este antihéroe con respecto a la sexualidad responde al sostenimiento de la auto-imagen y la imagen masculina que tienen los demás sobre él. De modo que, lo masculino se constituye con la fuerza, el dominio y el intelecto, mientras que lo femenino es la debilidad y la pasividad. Según, Judith Gardiner, la masculinidad se analiza en torno "men's most private attitudes: by considering embodiment, sexuality and emotions, the show men not as generically human but as gendered male persons" (10). Asimismo, R.W. Connell define la masculinidad hegemónica como "the configuration of gender practice which embodies the currently accepted answer to the problem of legitimacy of patriarchy, which guarantees the dominat postion of men and the subordination of women" (77). Rui posee una conducta y una apariencia masculina, un rol que el personaje representa en los espacios en que se desarrolla a manera de estrategia y conveniencia que le permiten sobrevivir social y económicamente. Por lo tanto, su identidad masculina al desenvolverse como prostituto, es el resultado de los procesos sociales y económicos.

Según, Judith Butler entiende toda identidad sexual como una categoría construida socialmente y es una representación o "performance" como si fuera una realidad que necesita práctica para poder llegar a significar (63). Esto lo señala Butler en el artículo "Críticamente subversiva":

> "El género es preformativo puesto que es el efecto de un régimen que regula las diferencias de género. En dicho régimen los géneros se dividen y se jerarquizan de forma coercitiva. Las reglas sociales, tabúes, prohibiciones y amenazas punititivas actúan a través de la repetición ritualizada de las normas. Esta repetición constituye el escenario temporal de la construcción y la destabilización del género." (64)

Butler afirma que al eliminar el conocimiento de que existe un componente biológico en la formación de la identidad, el género es una forma de comportamiento (32). El negarse conscientemente a seguir el papel genérico que la sociedad impone: "puede ocasionar la proliferación paródica y el juego subversivo del significado de género" (Butler 33). El personaje de Rui, más que una representación de las condiciones de la prostitución callejera, es una representación teatral de sí mismo, del prostituto desamparado. Sobre esta performatividad del género, Butler menciona en "Críticamente subversiva":

> "La perfomatividad del género sexual no consiste en elegir de qué género seremos hoy. Performatividad es reiterar o

repetir las normas mediante las cuales nos constituimos: no
se trata de una fabricación radical de un sujeto sexuado
genéricamente. Es una repetición obligatoria de normas
anteriores que constituyen al sujeto, normas que no se
pueden descartar por voluntad propia. Son normas que
configuran, animan y delimitan al sujeto de género y que
son también los recursos a partir de los cuales se forja la
resistencia, la superversión y el desplazamiento." (64)

Por lo tanto, este antiheroe al asumir sus errores, nos cuenta
el desarrollo de su personalidad y cuáles fueron sus experiencias
en su representación de prostituto. Cuando él se encuentra en el
ambiente de la prostitución, resalta lo artificial del papel masculino
con la incorporación de su fuerza, su hombría y su masculinidad.
Por ejemplo, Rui considera útil poder pasar como heterosexual
para atraer a sus clientes. Según Oscar Guasch en su libro <u>La crisis
de la heterosexualidad</u> menciona que "hay que ser macho de
manera constante, todo el tiempo, sin descanso. Y lo que es más
importante: Hay que hacer saber a los otros que se es macho" (129).
Sin embargo, las acciones homosexuales que comete lo distancian
del comportamiento establecido por la hegemonía patriarcal. Para
Rui, el modelo hegemónico es una máscara, un rol que el personaje
representa en la prostitución a manera de estrategia que le
permite sobrevivir, tener éxito y disfrutar de los privilegios que la
caracterización de la masculinidad le brinda. Por consiguiente, el
antihéroe pone en evidencia las actividades sexuales que la sociedad
considera biológicamente determinadas y naturales, al expresar que
se construyen en base a la actuación, así lo menciona Rui "Te haces
un actor de teatro, y que como dicen los buenos actores, estás dentro.
No eres tú, sino el personaje. Y allí, entre el champán y el baño, eres
la felicidad" (116).

Hay que tener en cuenta que con su experiencia como prostituto
tiene que aprender las debidas técnicas de comportamiento y de
expresarse. Por ejemplo, el prostituto debe saber cómo dirigirse y
tratar a todo tipo de clientes, a otros prostitutos según su rango y

hasta las autoridades policiales. Este comportamiento está cargado de valores, de entendidos, de tal manera que al usarlo, el prostituto es identificado. De esta manera, hace suyos los patrones de acción y de pensamiento. Al constituir un comportamiento y un lenguaje subjetivo. Es evidente que, Rui construye la realidad y su propia identidad mediante los actos que ejecuta y que interpreta. Eva Gil Rodríguez menciona que el performance: "no es un acto único sino una repetición y un ritual que logra su efecto mediante su naturalización en el contexto del cuerpo" (N.pág.). Por consiguiente, para Eva Gil Rodríguez el performance "debe ser ejecutado, presentándose a un público e interpretándose según unas normas preestablecidas; el acto performativo produce a su vez unos efectos, es decir, construye la realidad como consecuencia del acto que es ejecutado" (N.pág.).

La novela revela cómo la conducta masculina está ligada con el ejercicio del poder, por eso, Rui se distancia de la conducta homosexual, pero no de las relaciones homosexuales. Según, Michael Pollak: "los homosexuales han intentado redefinir la identidad homosexual liberándola de la imagen que hace del homosexual, en el mejor de los casos, un hombre afeminado y, en el peor una mujer fallada" (90). Por lo tanto, el texto presenta signos de una crisis de identidad masculina a través de la representación de Rui al definirse y comportarse como sujeto masculino que subsiste en el mundo de la prostitución donde es recibido con aceptación y agrado. La novela demuestra que la masculinidad es necesaria en el oficio de la prostitución e intuye que el personaje principal es el trasgresor.

Rui desarrolla su conducta masculina a partir de la presencia de ese otro femenino, y reafirma su identidad masculina mediante la supresión de las características homosexuales o femeninas. Se conduce con una identidad masculina para seguir sobreviviendo. Jonathan Ned Katz establece que el heterosexual es como la unidad, pero siempre necesita de la existencia de la otredad del homosexual para establecer sus límites y pretender ser. Por ejemplo, en la novela, al romper con los patrones establecidos por la hegemonía patriarcal realiza representaciones de género que se contrarrestan. Asimismo, se denuncia el patriarcado como un sistema que le permite a la otredad definir ese ideal masculino al que debe acercarse. Por lo tanto, con esta novela se mide los límites de la sociedad al construir masculinidades alternas que ejemplifican su estrategia de deshacer la oposición de masculino/femenino para revelar que no se puede depender de su diferencia, de su otredad para definir un centro estable. Además, Rui reafirma su identidad masculina mediante la negación de una conducta femenina en sí mismo. Por lo que, siempre existe la presencia del otro femenino o de la otredad que se presenta como requisito necesario.

El antihéroe es sujeto a una preferencia variada en su manera de vivir, no logra la formación de una identidad cohesiva, con la posibilidad de constituirse en un individuo desarticulado. Por ejemplo, su preferencia sexual que presenta no es estable, sino que en toda la novela vacila entre uno y otro género. No obstante, toma la ventaja de los aspectos patriarcales, por eso, se comporta y lleva una apariencia totalmente masculina. Es claro que, la identidad de este personaje se presenta como performance, debido a que Rui tiene que aprender a desempeñar diversos papeles; viviendo disfrazado ante la sociedad, es decir aparte de ser prostituto o modelo también lleva una vida de movilidad dentro de la sociedad. Por ejemplo, es capaz de actuar en el campo heterosexual, como en el homosexual. Él se considera heterosexual y lo demuestra al tener novia, pero en su profesión la mayoría de las ocasiones tiene que participar en relaciones homosexuales, aunque en ocasiones tiene señoras como clientas. El hecho de que un personaje que se define como heterosexual, pero que se dedica a la prostitución masculina, cuestiona el binarismo que obliga a los individuos a cobrar inteligibilidad cultural por medio de la aceptación de una categoría de representación de género. Este antihéroe expresa la creación de otro género que carece de definición y que atenta contra las bases que mantienen las otras categorías. Así, de ese modo, se presentan posibilidades del rompimiento de las categorías de género, logrando cuestionar de forma efectiva la imposición de la identidad masculina o los valores patriarcales que impide que la persona actué de acuerdo a sus propios deseos.

Rui construye un ideal de masculinidad que culmina como uno de los sobresalientes prostitutos. Esto es debido a que la representación de su masculinidad está basada en un ideal proporcionado por las revistas y la moda. Él trabaja, por cierto tiempo, con un empresario dedicado a contratar modelos. En el libro, La historia de la homosexualidad, Michael Pollak señala que: "la homosexualidad hoy en día rechaza los modelos afeminados y el paidófilo, y los reemplaza por una imagen machista, deportiva, superviril" (105). A través de la novela Fácil se muestra como el personaje se conduce como hombre, pero la masculinidad que representa resulta ser inadecuada para desplazar a la verdadera hombría hegemónica del patriarcado. Además, al utilizar el modelo de su tutor el ingeniero, percibe que su tutor tiene un comportamiento de padre de familia, pero en las relaciones sexuales, Rui es él que tiene el control. De todas maneras, el tutor se comporta como lo exige la hegemonía patriarcal: tiene una esposa, un hogar, un hijo, pero en la intimidad sexual el joven es el que toma el rol domínate y activo.

Es muy claro que la novela crea una entidad sexual, específicamente un ideal masculino en el personaje principal, para tener un consumo especialmente de los lectores homosexuales. Además, la novela reproduce ciertos estándares de la belleza masculina, representando a Rui, como un objeto fácil, sexual y atrayente. La novela plasma el ideal de la belleza masculina a través de la contemplación y goce sensual del cuerpo masculino. Tal como lo señala José Miguel Cortés: "las relaciones se basan en la imagen de la juventud y el cuerpo musculoso, no está permitido envejecer…las relaciones sexuales se basan en la fortaleza y en el tamaño del pene, conceptos ambos ligados al narcisismo y, como tal, constitutivos de una importante parcela de poder" (184).

Actualmente, la prostitución es una forma de consumo integrada en el mercado de servicios que está incluso publicitado en los medios de comunicación. Por este motivo, la novela muestra a su personaje principal como a un joven atractivo y con un buen sentido del humor. Esto es debido a que se trata de la proyección de un prostituto en la sociedad en calidad de objeto sexual. Así como dice Foster: "los

estereotipos del patriarcado sobre el homoerótismo es el culto al
cuerpo y la obsesión por la juventud y cierta imagen de la belleza
corporal: el gay como clon, como muñeco" (61). En cada momento de
la novela a Rui se le señala como un hombre guapo, como se muestra
en la siguiente descripción realizada por el escritor:

> "Para Rui -si juzgaba sus ojos- indudablemente lo eran.
> Volví a mirar su cabeza en el silencio...Era una hermosa
> cabeza. El muchacho tenía inclusive...algo de complexión
> atlética y rotunda. Intuí las piernas muy firmes, tras los
> vaqueros, largas, fuertes...Noto la perfección de su perfil
> y el sabor rural de sus manos, más que grandes, anchas...
> tan bueno que era Rui un Rui imagínate así me decía y
> así se me quedo desde entonces todo el mundo me decía
> así." (49)

Es por eso que la novela, muestra la deconstrucción de la
masculinidad debido a que este antihéroe se cosifica. Por ejemplo,
Rui, se considera así mismo objeto sexual adquirible que lucha para
demostrar que nació para ser una figura importante en el medio en que
se desenvuelve. Esto lo especifica como se demuestra a continuación:
"estás con tu cuerpo y para tu cuerpo. Tu cuerpo es tu negocio y
te parece bien y te habitúas. Yo-aunque pueda no parecerlo- no
me había dado del todo cuenta" (108). Por este motivo, mejora sus
técnicas para venderse y acepta los consejos de sus compañeros de
trabajo sobre como actuar en ciertas circunstancias relacionadas con
la prostitución. Por eso, Rui, se cosifica porque sabe que su sexualidad
es una actividad comercial y que puede aprovecharse de su cuerpo
y de su actuar masculino para venderse. Al respecto, Cortés expresa
lo siguiente:

> "La sociedad contemporánea ha sabido integrar, de un
> modo falaz, parcial y a regañadientes, gran parte de las
> revindecaciones sexuales, recuperando las aspiraciones
> de placer erótico y sensual. Para ello, a reducido la
> sexualidad a una mercancía y le ha dado la función de

un objeto de consumo...El sexo se ha convertido en una actividad comercial más, con sus mercados, sus ofertas y demandas, y sus clientes." (173)

Por consiguiente, el personaje principal se considera como objeto sexual. Este es el primer viaje de autodescubrimiento donde concluye que existe un nuevo entendimiento de la relación del marginado con el mundo. El resultado de esta experiencia, le permite a Rui darse cuenta que su cuerpo es una mercancía que puede ofrecer por dinero y de esta manera sobrevivir humanamente. Por lo tanto, se convierte en un individuo espectáculo o performance como objeto de deseo para ofrecerse al mejor postor.

Por esta razón, la indumentaria de Rui es provocativa, sus pantalones vaqueros y camisetas ajustadas tienen el propósito de atraer a los clientes. Es importante tener en cuenta que su ropa entallada le provee la identidad al prostituto y al queer. Así lo hace ver Pablo Fuentes cuando dice que, "la ropa permite... camuflagearnos en la masa o destacar y diferenciarnos; afirmar una militancia, subrayar una rebeldía, dar a conocer cualquier opción personal. La moda, con el poder de la imagen, define y diferencia grupos, estéticas, generaciones y culturas" (110). Asimismo, Fuentes establece que: "dentro del mundo homosexual la indumentaria es una herramienta básica para que cada individuo proyecte información sobre sí mismo y sea capaz de reconocer a los miembros de su propia especie, posibilitando así la conexión y relación con otros hombres de gustos y tendencias afines" (110). Mientras el antihéroe trasgrede los discursos tradicionales de la cultura decente, su alcance va a ser mayor si cuenta con el apoyo comercial, industrial, económico, y sobretodo el ideológico que le ofrece el grupo hegemónico.

Después de dedicarse a trabajar en las calles, un amigo le aconseja que puede hacer su "labor" en un prostíbulo, donde puede ofrecerse a mejor precio. Ahí es contratado tanto por hombres, como por mujeres de la alta sociedad. En este lugar seduce a sus clientes considerándolos como personas que se le acercan para usarlo. Aunque lo tratan con cariño y pasión, en algunas ocasiones recibe a sus clientes con indiferencia. Esto se debe a que llega a desilusionarse o cansarse de las mentiras de los hombres y él les corresponde de la misma manera, como lo demuestra a continuación: "Seguía con hombres, claro. Y muchos porque quizás me había vuelto —en mi situación- algo más frío y práctico y actuaba con una vaga sonrisa (ya sabía ponerla) en busca de dinero" (171).

Otro rasgo notable, es que la calle donde Rui puede prostituirse o el prostíbulo son espacios que le otorgan identidad, resistencia, un sentido de pertenencia y donde se desarrolla su "performance". El espacio es importante ya que, como marginado, está obligado a crear algo propio que le sirve de escape tanto en el plano físico, como en lo emocional. Esto se debe a que en el espacio de la hegemonía no encuentra su lugar liberador que le permite tener protección, tranquilidad y expresar libremente su sexualidad. Edward Soja señala que los espacios son socialmente construidos por los grupos dominantes que se encuentran en el poder.

> "These representations, as semiotic imagery and cognitive mappings, as ideas and ideologies, play a powerful role in shaping the spatiality of social life. There can be no challenge to the existence of this humanized, mental space, a spatialized mentalité. But here too the social production of spatiality appropriates and recasts the representations and significations of mental spaces as part of social life, as part of second nature." (121)

De modo que, para afirmar su identidad, Rui busca otros sitios que le sirven de punto de encuentro. Así como observador en su posición homosexual marginal, sabe lo que significan estos espacios de exclusión, espacios que son esenciales en el desarrollo de la identidad homosexual y del prostituto.

> "Y ahí estoy yo, junto a Recoletos, pasando bajo faroles anaranjadas, entre coches que pasan despacio y miradas descaradas o aterrorizadas que pasan revista...Muchas veces se trata de hacer una mamada o dejártela hacer,

dentro del coche, en un lugar oscuro. Otras vas a una pensión. La chapa callejera es barata. A mi me fue bien no me quejo." (69)

Estos espacios forman la conducta y la identidad del personaje, que a la vez son importantes porque son los sitios que Rui, sus amigos, los clientes y hasta su mismo interlocutor se mueven a través de la novela. Estar en el prostíbulo es una manera de esconderse, es la huida de la soledad, de la incomprensión y de no-pertenencia. "La casa del argentino (que era un prostíbulo) no sonaba a eso. Porque la palabra tiene algo antiguo y húmedo, oscuro. Y la casa no era de ese modo. Hortera en muchos puntos. Pero clara. Una casa con natural vida propia" (118). Usualmente, Rui, transita por espacios urbanos buscando relaciones sexuales, como por ejemplo: en las calles, junto al río o en casas vacías. Así pues, "estos establecimientos satisfacen dos tipos de necesidades. La necesidad de relación social con personas que comparten los mismos gustos y orientación sexual y necesidad de satisfacer impulsos sexuales" (Fuentes 167). Por consiguiente, se puede señalar que estos estigmas ambientales, no son otra cosa que la adulación que se hace a la condición del homosexual, ya que este sólo se desenvuelve en lugares concretos del mal, cómo lugares de prostitución, baños, saunas, prostíbulo, o las esquinas. Sitios con aspectos peyorativos que refuerzan la marginalización y rechazo del homosexual debido a su depravación en lugares públicos. Al respecto, Cortés señala que "hoy en día, ya se puede consumir todo, o casi todo tipo de relaciones sexuales, a condición de que se haga según las normas de mercado, se lleven a cabo en lugares privados y no pongan en duda la validez del sistema social" (173). En consecuencia, los homosexuales que buscan sexo en estos determinados espacios son etiquetados como inestables, negándoles su existencia.

El antihéroe revela sus sentimientos en cada uno de esos lugares, descubriéndolos como espacios donde él puede desenvolverse como prostituto, y en donde puede ocultarse de la presión de la sociedad. Esto es debido a que estos espacios especialmente determinados para los homosexuales los libera de la presión de tener que pasar por personas comunes en su vida cotidiana. Por eso, a este antihéroe le satisface poder conducirse abiertamente en algunos sitios que le brindan apoyo y solidaridad en una sociedad que parecía hostil a su condición de vida. Uno de los propósitos fundamentales del narrador es reconstruir esos espacios ante el escritor y el lector, para revelar esos espacios públicos que existen en el mundo real.

La prostitución no es un fenómeno unilateral, ya que, involucra al prostituto y al cliente quien no es un ente pasivo seducido, sino activo. En este sentido los clientes no son ajenos al oficio, sino que también forman parte de la prostitución. Por este motivo, siempre se oculta políticamente que los clientes que generalmente son hombres que pertenecen a la hegemonía son el otro elemento constituyente de la prostitución. Por ejemplo, en el caso de la prostitución, es evidente que su principal soporte son los individuos varones con dinero o que tienen una buena posición económica que pueden pagar al prostituto para mantener una relación sexual o afectiva, como son en este caso el ingeniero, el pintor o el empresario.

De modo que, en el desarrollo de la novela aparecen otros personajes que también narran y critican la vida del personaje principal, en su afán de revelar la identidad de Rui que ellos perciben. Estos personajes secundarios asumen el papel autoritario de juez que evalúan el comportamiento de Rui y expresan su aprobación o acusación. Ellos no se limitan en conocerlo, sino que también les emociona su persona pero también, lo critican o lo degradan presentado sus testimonios.

Estos personajes se distancian de Rui física y emocionalmente. Sus expectativas, como su concepto de género sexual, se construyen sobre una base de opuestos: juez/juzgado o superior/inferior. Por ejemplo, el tutor que lo ayuda al inicio, lo venera y lo admira comentando: "el hermoso cabello rubio de Rui, que se fue dejando crecer, su piel glabra...sus rotundos muslos" (56). Además, menciona: "Sentí que jugaba con el tiempo y que yo (un hombre, aunque ingeniero y profesor)...podría derribarlo. Dormía con él sintiendo que era mi hermano...Y me sentí incestuoso y camarada de ese primo ideal con el que compartes" (54). No obstante, el ingeniero también percibe la irreverencia del joven: "La crueldad que atrae en la belleza, el desarreglo que no parece precisar contención. ¡Era tan irreverente Rui! Usted sabe que sólo la inocencia es profundamente irregular" (57).

El interlocutor que es un literato siempre impone su propio punto de vista, el cual privilegia el modo de vivir de Rui. Ejemplo de ello es cuando el escritor menciona que él no tuvo la oportunidad de estar en ese medio de promiscuidad, ni divertirse entre las calles.

> "No he sido un chico de la calle. Aunque fui niño en una época y en un barrio en que la calle no era peligrosa… Tampoco me he prostituido-carnalmente…Quizás he sido, desde lo Ideal, poco benévolo con mi propio cuerpo…El deseo y el temor. La atracción de la calle, en la que, otras muchas veces, podía brotar la maravilla y prosperar." (73)

El interlocutor intenta identificarse con este antihéroe para comprender sus razones y motivos por haberse decidido a ejercer la prostitución y en consecuencia, apoyar una serie de reivindicaciones que tengan que ver con sus derechos civiles y con mejorar sus condiciones de vida. De la misma manera, lo crítica, al igual que los deseos patentes en la personalidad de este antihéroe. Por eso, los comentarios del literato dentro de la novela sobre la prostitución, constituyen una crítica importante ante lo prohibido, esto lo vemos en el siguiente pasaje:

> "La sola mención ofende a muchas mentes burguesas: incluidos concienciados homosexuales jóvenes. Pagar… debe entenderse como mal menor. Mal de la vida. Es el resultado de la imperfección, pero no de unos sujetos concretos, sino de los humanos en general, o más probablemente de la estructura de la vida, según la hemos hecho o nos han dejado hacerla." (195-196)

El pintor que recibe a Rui en su casa, acepta su conducta tal como es, pero también intenta menospreciarlo a tal grado que lo utiliza como objeto sexual para realizar sus pinturas. Por ejemplo, expresa

su posición de superioridad y sublima la identidad del personaje
principal. Esto lo vemos en el siguiente fragmento:

> "Nunca le prometí nada a Rui, me limité a darle dinero.
> Es demasiado amable. Quiere extrañadamente ser útil en
> la venalidad del mundo. Fue útil, respetado, querido. No
> amado." (138)

En esta novela la conducta o el performance es juzgado por
otros personajes que tienen cierto poder dentro de la sociedad. Por
este motivo, en el relato están presentes estas voces, porque juegan
un papel complementario dentro de la obra. La participación de
estos personajes expone otros aspectos de Rui. Dichas voces tienen
poder porque juzgan y castigan al protagonista por sus acciones,
debido a que Rui siempre termina saliéndose de los límites impuestos
por las personas que le "ayudan". Esto lo palpamos, cuando Rui se
relaciona sexualmente con el hijo de una clienta del prostíbulo, a
tal grado que es despedido. Estos justifican los despidos, ya que
el antihéroe desobedece las normas establecidas, como se muestra
en el siguiente párrafo cuando el dueño del prostíbulo lo despide:
"yo era- aseguró- un cabrón y un auténtico peligro. El argentino me
reiteró que la señora, baja ningún pretexto quería volverme a ver,
y que exigía mi marcha" (185). Estos personajes secundarios son
representados como estereotipos que representan diferentes clases
sociales como es el empresario, el ingeniero, el pintor o el poeta. Por
consiguiente, estos individuos representan el sentir de la sociedad
patriarcal que castiga a las personas que se desvían del patrón de
conducta preestablecido por ella. Después, lo clasifican bajo una
categoría de identidad basándose en su conducta o "performace".
Por ejemplo, cuando el antihéroe se define como bisexual, no le
permiten que lleve a su novia al prostíbulo o cuando tiene relaciones
con la hija del diseñador, el padre de ella se enoja, provocando su
despido de la empresa de modelos. Al cuestionar las categorías de
heterosexual, bisexual o homosexual tanto del protagonista como
de los personajes secundarios, se pone en evidencia los procesos

culturales que obligan al antihéroe a representar en su persona el ideal cultural de género que prevalece en la sociedad.

Al final de la novela, su ilusión de conseguir una mejor posición económica se termina y se propone a asumir otro papel: el de padre. El antihéroe se da cuenta que su novia puede redimirlo y así iniciar una nueva vida junto a quien lo acepta tal como es. Así como se muestra en el siguiente fragmento:

> "Entonces supe que tenía que volver con Marta. O sea, quedarme más con ella. Intentar continuar. Aunque estaba perdiendo el interés. Por que Marta sólo era Marta, una chica sencilla, de mi mundo…además me anunció que estaba embarazada y que el crío era nuestro…Ella quería tenerlo…le dije que me parecía muy bien…Me siento raro pensando que voy a ser padre…Es extraño. Quiero ver al niño." (206)

Al principio de la novela, Rui veía la prostitución masculina como una manera fácil de alcanzar el éxito en esta vida, al final se convence que fracasó en su intento. Así, de ese modo, se da cuenta de que hay otros problemas que no pueden sustituirse o solucionarse con la prostitución. Sólo posee las experiencias y aventuras que son las que ofrecerá tanto a su interlocutor como al lector.

La existencia de Rui se ha modificado a través de las experiencias que la sociedad le ha proporcionado. Tiene que retener la sabiduría ganada en la búsqueda, para integrarla a la vida humana. Y, así compartirla con el resto del mundo. Para lograr esto utiliza su discurso que constituye un "performance" de su identidad masculina y una justificación de su forma de vida. Este discurso va de acuerdo con su ideología que busca transmitir y, que a su vez, es una revuelta contra lo establecido. Uno de sus principales motivos por los que desarrolla este discurso es para sensibilizar al lector y así romper el ambiente normal al hablar sobre la prostitución masculina. Rui lejos de presentar su oficio de prostituto como aberración sórdida, describe su profesión con respeto y como otra opción de vida. Aboga por el derecho de la libertad del individuo, presentando la justificación de su conducta y de su profesión con el fin principal de no ser juzgado. Por eso, el discurso de este antihéroe trasgrede la ley porque es un elemento de resistencia sociocultural. Asimismo, con el propósito de realizar una acusación de la condición humana, se observa como la pobreza y su carente destreza para ganarse la vida, también, fueron causas de su recurrente entrega a la prostitución, como único mecanismo de supervivencia por las pocas alternativas que tiene a su disposición para enfrentarse a una situación inestable en España. Con su discurso justifica su oficio como prostituto, pero siempre demostrando que nunca perdió su preformatividad masculina demandada por la hegemonía patriarcal. Está claro que para el protagonista el modelo hegemónico de masculinidad es una máscara, un "performance" que el personaje representa en la prostitución a manera de estrategia que le permite venderse, sobrevivir y disfrutar de los privilegios que la caracterización de la masculinidad le brinda. Por lo tanto, cuando Rui, se da cuenta que su cuerpo y, de igual forma su "performance" son una mercancía que puede utilizar para obtener dinero, se convierte en un objeto sexual para así ofrecerse al mejor postor. Asimismo, el espacio donde se desenvuelve el antihéroe es importante, ya que le permite desarrollar su "performance" y obtener una identidad con resistencia y un sentido de pertenencia. En fin, su discurso como su "performance" son juzgados por otros personajes que tienen cierto poder dentro de la sociedad. Estas voces dentro de la novela critican los actos de Rui, y también, tienen poder para juzgar y castigar al protagonista porque siempre transgrede los límites impuestos.

Capítulo Cuatro

La sumisión del antihéroe en la novela El vampiro de la colonia Roma de Luis Zapata

En la literatura homoerótica se continúa explotando el tema de la promiscuidad y la prostitución homosexual por considerarse de bastante curiosidad o morbosidad para los lectores. El público no deja de mostrar, en efecto, su interés por ingresar a los misterios escandalosos que escenifica la prostitución masculina. Al tratar el tema del amor mercenario, más o menos oculto, en cualquier ciudad del mundo, se representa la realidad social de la ciudad de México; con el propósito de denunciar los vicios de la sociedad, esencialmente la opresión y las injusticias. Es evidente que la preocupación primordial de algunos escritores es la de representar la realidad social existente, tal como es el caso de: El vampiro de la Colonia Roma que aborda el tema de la prostitución homosexual, asunto que por su expectativa, induce el morbo de los lectores. La construcción de la imagen del mundo se representa a través de la narración de un antihéroe que desafía las buenas tradiciones a través de una conducta sumisa, degradada y antimoral. El personaje principal hace uso de su conducta como antihéroe, como medio de trasgresión que representa la resistencia ante la hegemonía patriarcal, encontrando el poder y el placer en la sumisión o en la denigración. En la novela se cambia el enfoque del antihéroe que reprime la literatura: por ejemplo se presenta al personaje regocijándose en su degradación y sumisión a la que es sometido por la hegemonía patriarcal; demostrando que él también tiene el poder como antihéroe o marginado. Por eso, la narración repasa algunos tópicos socioculturales con el mejor humor posible, convirtiendo al protagonista en un antihéroe que arrastra problemas mayúsculos y un comportamiento que no acepta la sociedad. Es inevitable analizar las características de este personaje como antihéroe como los conceptos de degradación y sumisión del personaje principal los cuales revelan como se siente satisfecho de su situación marginal, del medio social en el que se desenvuelve como es la prostitución la cual la considera un trabajo como cualquier otro.

La novela narra la vida de Adonis García, quien desde la infancia hasta la edad adulta, encuentra dificultades para lograr madurar emocionalmente y adaptarse a la sociedad como persona mayor. Su existencia es compleja, con desilusiones y problemas económicos que lo sitúan en una posición sumisa ante la vida. Desde el inicio, se establecen las características de un antihéroe degradado: "se perfila en su nacimiento bastardo, una madre siempre enferma y un padre sexagenario que lo deja huérfano entre los diez y los trece años" (Covarrubias 185). Es discriminado, humillado y colocado en una situación de rechazo que en el futuro opta por una personalidad sumisa ante los demás, tal como lo vemos en el siguiente fragmento: "casi no tenía amigos ni jugaba o sí jugaba pero solo a veces iba con mi hermano y jugábamos a las canicas con otros niños... o fútbol pero yo era muy malo siempre perdía y siempre me ponían de defensa porque era lo más fácil así es que me gustaba más jugar solo con mis cochecitos" (19).

El antihéroe siempre se encuentra en una afirmación celebratoria de su degeneración, es su aceptación de su manera de ser, de sentir, que se encuentra fuera de los parámetros de la moral convencional sin acarrear ni ansiedad ni culpabilidad. Por ejemplo, en su relato algunas veces, arguye en su contra pero con ello, refuerza su imagen de antihéroe degradado. Este discurso reflexivo que es una evaluación de su vida, se muestra en el siguiente fragmento:

"¿Contarte mi vida? ¿Y para que? ¿A quien le puede interesar? Además yo tengo muy mala memoria... porque en realidad no creo que me haya pasado nunca algo de veras importante...yo creo que a mí no me tocó destino o si me tocó se me perdió en el camino." (16)

De manera informal, Adonis cuenta sus pequeñas desventuras y señala sarcasmos de sí mismo, resaltando de una manera divertida e inusual sus aspectos negativos. Bladimir Ruiz menciona que uno de los aspectos más importantes en la novela es "el discurso de la sinceridad: hablar clara y abiertamente de todo, sobre todo de su sexualidad, burlándose [...] de sí mismo, y casi siempre de los demás" (336). Por ejemplo, el antihéroe se figura en una situación degradada cuando él mismo menciona que su vida ha llegado a convertirse como el depósito de basura. Lo vemos en el siguiente fragmento: "terminas dejándote llevar [...] como una hoja que se lleva un río ay que mamón Sólo te das cuenta a dónde te llevó cuando llegas a la desembocadura...o al depósito de la ciudad" (134). La comparación del protagonista con la basura, es el mejor exponente de su degradación en la novela, la más dura subordinación ante la vida. De acuerdo con Alicia Covarrubias "esa capacidad de burlarse de sí mismo y de su propio destino atenúa la sordidez de su existencia" (187).

Este relato le sirve para autorretratarse a través de sus experiencias que presentan una realidad degradada. Siempre avanza redescubriendo las verdades que conciernen al gran misterio de su existencia, así como el percibir su homosexualidad. "A temprana edad toma conciencia de que sus preferencias sexuales lo hacen diferente, lo marginan" (Covarrubias 186). Sin embargo, al principio se revela preocupado por sus inclinaciones sexuales.

"Yo me sentía muy mal... Me sentía raro en relación con ellos me sentía diferente yo entonces ni siquiera sabía lo que era la homosexualidad ¿ves? A mí se me figuraba que no no sé pero sí me sentía mal sobre todo porque me chingaban a cada rato con eso... a mí me sacaba mucho de onda sentirme diferente." (31)

En sus inicios, Adonis no comprendía lo que era la sexualidad, consideraba a la homosexualidad como algo no aceptado, debido a las insinuaciones de sus compañeros. Por lo tanto, "el sujeto se ve a sí mismo como pecador, inferior, insano, perverso, desviado. La moral religiosa del cristianismo y la moral laicaza ...han causado daño y mucho sufrimiento a muchos individuos, en este caso, a los sujetos que están conscientes de tener sentimiento o deseos sexuales hacia personas de su mismo sexo" (Núñez 182). De la misma manera, Jeleniewski establece que "cuando los varones jóvenes descubren que tienen sentimientos sexuales por su mismo sexo, pueden sentirse perturbados y ansiosos por estos descubrimientos; pueden sentirse avergonzados y amenazados en su sentido de masculinidad, aislados, solos e incapaces de valorar sus propios deseos" (39). El tema de la sexualidad en Latinoamérica no ha tenido la suficientemente comunicación. Por ejemplo, en las familias hispanas no se habla abiertamente sobre el sexo y al mismo tiempo se tiene un tabú sobre el tema. Al respecto, Foucault en su libro El orden del discurso se refiere que:

> "En una sociedad como la nuestra son bien conocidos los procedimientos de exclusión. El más evidente, y el más familiar también, es lo prohibido. Uno sabe que no tiene derecho a decirlo todo, que no se puede hablar de todo en cualquier circunstancia, que cualquiera cosa. Tabú del objeto, ritual de la circunstancia, derecho exclusivo o privilegiado del sujeto que habla." (14)

Por lo general, las conversaciones sobre la sexualidad están prohibidas. El tener este tabú sobre las cuestiones sexuales es una estrategia de omisión que denota un deseo de no tratar con franqueza las cuestiones sexuales. No obstante, Adonis aprende cómo desarrollarse en el campo sexual debido a su exploración de su propio cuerpo y necesidades sexuales, así como con las conversaciones con sus amigos. Después, con el paso del tiempo se da cuenta de que es algo natural que también se manifiesta en otros seres humanos, como lo vemos en el siguiente fragmento:

"Si hubiera sabido que la homosexualidad es una cosa de
lo más normal ¿no? Como pienso ahorita que cada uno
tiene derecho a hacer con su vida sexual lo que se le pegue
la gana pos no me hubiera sentido tan mal." (31)

Por eso, cuando Adonis había comenzado a sentir atracción por
personas de su mismo sexo, tuvo que tomar conciencia de su diferencia
solo, porque no contaba con la presencia de sus padres. Además,
ni a su tío ni a su hermano les importaba que hiciera con su vida;
en consecuencia, no tuvo la posibilidad de que adultos cercanos
lo trataran de convertir en heterosexual o de marginarlo como un
desviado. Por este motivo, Adonis se desenvolvió fácilmente en el
mundo de la prostitución sin ningún tipo de inhibición. Según Alicia
Covarrubias "la infancia solitaria de Adonis determina su carácter
desarraigado. A la muerte de sus padres va a vivir con unos parientes
pobres con quienes pasa hambre y malos tratos" (185). Además, Alicia
Covarrubias menciona que "la temprana orfandad del protagonista
que se ve forzado a luchar por sus propios medios aun cuando éstos
son limitados" (195). Adonis no tenía a su disposición personas adultas
que le pudieran aclarar o reprimir sobre las cuestiones sexuales.
Solamente conversaba sobre el tema con amigos y personas de su
edad, por eso, adquirió información incorrecta o salidas fáciles para
sobrevivir como lo fue la prostitución. Así de ese modo, la información
que obtenía a través de sus amigos lo dejaba con más inquietudes
justo cuando estaba ávido de información que no podía conseguir por
otro medio. De acuerdo con Ballester Arnal "uno de los aspectos más
tradicionalmente considerados entre las posibles causas, no sólo de
la prostitucón de estos chicos sino también de su orientación sexual,
es el tipo y calidad de la primera interacción sexual de su vida, que
suele tener lugar en la pubertad o adolescencia" (101).

Por consiguiente, debido a su ignorancia y el miedo, la humillación
constituye un recurso básico que lo lleva a la degradación; puesto
que, esta degradación tiene una manera muy peculiar de actuar:
lo crea comparando lo sublime con lo vulgar. Al respecto, Mario
Muñoz menciona que "las peripecias eróticas de Adonis García

no son exclusiva del registro de una aventura personal sino signos reveladores a través de los cuales queda simbolizada una forma peculiar de autodestrucción, en la que el cuerpo se torna objeto de manipulación propia y ajena" (26). En cambio, José Joaquín Blanco menciona como el ser homosexual trae virtudes y beneficios.

> "Al sufrir las persecuciones, represiones, discriminaciones del sistema intolerante, necesariamente estamos viviendo una marginalidad que además de su joda tiene beneficios: los valientes beneficios del rebelde, que no son intrínsecos a opción sexual alguna sino a una opción política: la lucha que nos cuesta sobrevivir ha dado hermosas razones y emociones a nuestras vidas, y sería una tragedia perderlas a cambio de la tolerancia del consumo." (185)

Sin embargo, una de las formas de marginación más severa a la que una persona se puede ver sometida es, sin duda alguna, la prostitución[10]. De acuerdo con Ballester la prostitución es "la prestación de servicios sexuales personales a una variedad de clientes elegidos primariamente por lo que van a pagar" (22). La entrada en la misma va a estar condicionada por una serie de factores que, de forma conjunta, aíslan al prostituto y lo condenan a vivir. En algunos casos permanece en está situación toda su vida, con diversas consecuencias como problemas de salud, su identidad, y rechazo social. De antemano, sabemos que la prostitución ha existido desde el inicio de la humanidad, siendo considerada el oficio más antiguo del mundo. En México en el año del porfiriato la prostitución tuvo mucha importancia "el Porfiriato, cuando se denunciaba que los clientes visitaban burdeles y casas de asignación para tener sexo con hombres travestidos o eran solicitados por prostitutos en el Zócalo durante las madrugadas (Bliss 52-3). En la actualidad la prostitución ha estado prohibida y los que la ejercen se les ha considerado como pecadores, desviados, degenerados, delincuentes aunque siempre desde el punto de vista de la hegemonía.[11] Sin embargo, es una actividad que tiene lugar en todas las naciones, aunque se trate de ocultar. También, recordemos que la prostitución se ejerce de hombre a hombre, y de hombre joven a mujer madura o tiene otras formas que deben ser tomadas en cuenta a la hora de estudiar este tema, más complejo de lo que parece.[12] Por lo tanto, en la narración de Adonis se hace referencia a una prostitución masculina ejercida en la calle. De acuerdo con Ballester Arnel "la motivación para comenzar a prostituirse [...] suele ser mixta oportunidad, curiosidad, necesidad económica, seducción por parte de un pedofílico" (145). Sin embargo, Ballester Arnel establece que "la principal motivación que lleva a un joven a prostituirse es la necesidad económica. Otra de las motivaciones que se relaciona con este aspecto es aquélla que hace referencia a la obtención de dinero fácil" (149). Por otro lado, Luis Antonio Villena afirma que:

"no son pocos los homosexuales que acuden a la prostitución...para huir de la soledad. (El mundo gay es particularmente cruel con los mayores de 40). Y sin duda hay hombres jóvenes necesitados que prefieren dedicarse a eso antes que ser obreros o trabajadores de la tierra. Si la elección es libre, ¿por qué habría de ser más noble alquilar las manos que el sexo?" (Interview N.pág.)

Por consiguiente, la prostitución constituye un empleo y una forma de ganarse la vida para muchas personas. Sin embargo, uno de los rasgos característicos en la narración de Adonis es que la idea de prostituirse se convierte en un poder adquisitivo que le proporciona satisfacer su necesidad sexual.[13] Este antihéroe se inicia en la prostitución a causa de un comentario de un amigo; según Alicia Covarrubias "la cadena de amantes, semejantes a la serie de amos a los que se somete tradicionalmente el pícaro se inicia con René, quien le da el nombre de Adonis y lo induce a la prostitución" (185). Por consiguiente, Adonis se entera de los pormenores y lugares de prostitución a través de su amigo, como se demuestra en el siguiente fragmento:

"Ya que llevaba algún tiempo de andar con René se confesó: me dijo la verdad de su pecaminosa vida, me dijo que iba a la zona rosa y que le daban dinero por acostarse con él, pero yo no lo podía creer, yo no podía entender que un tipo pudiera pagar por cogerse a un puto o sea lo que yo no entendía no sabía era que, el que se cogía al puto también era homosexual pero dije "si hay gentes que pagan por eso pus yo voy a ir" y al otro día estaba yo en la zona rosa tratando de ver si ligaba algo." (54)

Debido a la recomendación de su amigo René le atrae la prostitución; cree que ahí va encontrar mejores expectativas de vida y su felicidad, sin importarle que la prostitución sea considerada como origen de los males sociales y que sea "un término duro que... suele llevar asociadas connotaciones que implican una condena moral hacia esta actividad" (Ballester 19). Queda claro que Adonis ejerce la prostitución porque le gusta, lo realiza porque piensa que es un trabajo como cualquier otro. Al respecto, Bladimir Ruiz menciona que el aspecto de mayor importancia para Adonis es su rol de homosexual entregado a la prostitución callejera (330). Por ejemplo, "su verdadera vocación, su profesión, a través de ella produce y consume" (Ruiz 334). Asimismo, "Adonis reconoce en ella su profesión, lo único que realmente sabe hacer bien. Además, destaca el hecho de que muy pocas personas tienen la posibilidad de disfrutar de la manera en que él lo hace en sus trabajos" (335). Como consecuencia, "la novela expone los hechos con un realismo exacerbado que descubre sin miramientos, con provocativa delectación, el mundo sórdido de la prostitución masculina" (Muñoz 26). Para, Adonis, la práctica del sexo y su capacidad de satisfacer sexualmente a otro hombre es un estimulante, lo disfruta plenamente. Respecto a las relaciones sexuales, Guasch señala:

"El sexo es divertido, simpático y nada trascendente. O podría serlo si se lo permitieran. Pero nuestra cultura se empeña en lo contrario: magnifica el sexo, y lo adora o lo condena... Respecto al sexo hay que ser algo (víctima o verdugo, homosexual o heterosexual, varón o mujer, casto o promiscuo) y hay que vivir, necesariamente, según lo que se es... Incluso quienes intentaron diseñar una sexualidad más libre y más flexible contribuyen ahora a la confusión. Inventando políticas correctas sobre el sexo, algunas feministas y algunos gays ejercen un nuevo totalitarismo moral, que nada desmerece las antiguas palabras religiosas, sobre la sexualidad. La sexualidad es una experiencia subjetiva, íntima y emocional, difícilmente clasificable. Pero nuestra sociedad pretende etiquetarla como si fuera un producto de supermercado." (13)

La prostitución a la que recurre Adonis es debido a su pasado, sin embargo, mediante su oficio empieza a disfrutar los placeres sexuales, las múltiples relaciones homoeróticas; sin importarle sufrir el completo rechazo social o ser considerado un ente degradado. Por lo general, Adonis se muestra preocupado por encontrar estrategias que le permitan realizar sus preferencias sexuales. Por consiguiente, para este antihéroe el sexo esta en primer plano en su vida y se presenta como el único aspecto que define su identidad masculina. Según, Bladimir Ruiz Adonis elabora "un discurso en el cual la consecución de la felicidad tiene que ver fundamentalmente con las posibilidad de saciar su deseo, uno que se retroalimenta constantemente, uno a través del cual constituye su identidad última, la de vampiro" (336). Por ejemplo, mediante las relaciones sexuales ha conseguido su vivienda, su alimento y también puede relacionarse con otras personas, más allá de las relaciones sexuales no existe nada. Por lo general, sus amantes o clientes después de haber conseguido la relación sexual dejan de interesarse por Adonis y lo abandonan.

Para Adonis García la degradación que vive en la prostitución no es el origen de sus conflictos, sino el sobrellevar las vejaciones de la sociedad. "No es que me avergüence del talón sino más bien son ellos los que se avergüenzan digamos que yo no tengo prejuicios pero la gente sí" (66). "Si existe un deseo constante de ligue o una permanente necesidad de mantener contacto sexual, es debido a las situaciones de discriminación heterosexista que han creado profundas angustias personales y terribles inseguridades psíquicas" (Aliaga 163). Así, el protagonista asume que, por ser homosexual y además prostituto,

pierde todo derecho ante la sociedad y se margina. Las novelas
que abordan el tema de la promiscuidad homosexual proporcionan
diferentes concepciones del protagonista desde ángulos muy variados
pero el más común según Mario Muñoz es el de:

> "Un protagonista joven marcado en principio por el conflicto
> con la familia; sus aventuras por lo general acontecen en los
> ambientes más simbólicos de la metrópoli; en el transcurso
> de estas peripecias el protagonista intentará un ajuste
> de cuentas con su entorno y consigo mismo, y al fracasar
> en esta tentativa se precipitará en situaciones violentas
> y a veces sin salida; esto da por hecho que la búsqueda
> emprendida termine por lo regular en fracaso." (27)

El antihéroe es consciente de que vive "en un sistema que no
acepta la diversidad y en el que la hegemonía no se da solamente
en términos del sexo, pero la especificidad de la homosexualidad
hace que se invisibilicen las experiencias particulares de sexualidad
que hay en ella" (Grau 238). El proceso de degradación y sumisión
es asumido por Adonis de una manera voluntaria y consciente y se
regocija de ello. Así demuestra José Joaquín Blanco al justificar el
estilo de vida de los homosexuales:

> "En la escuela del escarnio perdimos en buena hora muchos
> prejuicios y vanidades tontas. Tuvimos, en fin, que explorar
> el infierno que nos dio por morada, y ahí supimos amar
> también nuestras cavernas...Tuvimos que inventarnos
> defensas y volvernos simultáneamente, más agudos, más
> refinados, más vulgares, más lúcidos, más generosos y más
> cabrones." (190)

Por eso, Adonis García solicita ser escuchado para que, a través de
su narración el interlocutor se de cuenta que a pesar de su denigración
impuesta por la sociedad, él demuestra un goce de esa situación
infortunada. Es en el ambiente de degradación donde se encuentra
cómodo y se siente aceptado. "El protagonista entra en contacto

con un submundo en el cual se mueve placenteramente, con una ciudad que le da sentido de pertenencia la que otra ciudad la de los asalariados le niega" (Ruiz, 332). Esto lo realiza utilizando a hombres con sus mismos deseos sexuales, para su conveniencia y sobrevivir. Adonis, es ejemplo del ser degradado y su subjetividad se revela por sus memorias y por su vida interior. Adonis, presume una actuación en su degradación y la humillación; sabe que es marginalizado por ser prostituto y homosexual y sin embargo, lo grita y lo expresa liberadamente. Con su narración intenta afirmar su identidad desde la perspectiva del antihéroe; con una interpelación del prostituto define sus límites al llegar a transgredirlos. Como resultado, de su discurso propone la importancia de no ignorar la cuestión de la prostitución ya que, no va a facilitar una resolución consensuada. Los procesos de reglamentación que exciten actualmente dan lugar paradójicamente, a fenómenos de mayor invisibilización y marginación, y no van a resolver ni la estigmatización ni la calidad de vida de las personas que recurren a este oficio.

Adonis se feminiza alegóricamente a través de la sumisión. Por ejemplo, con su narración expone sus actos transgresivos y demuestra que goza del sometimiento, humillación y sufrimiento. Ballester Arnel señala que las dificultades que se producen entre los prostitutos y sus clientes son "a menudo poco serias, como rudeza en el trato, falta de consideración…y el riesgo potencial de las agresiones sexuales violentas es altísimo" (112). Es evidente que, los clientes van con los prostitutos a hacer lo que no se le es permitido y esto los pone en una situación de degradación y hasta de peligro. Su sufrimiento se convierte así en una necesidad para su supervivencia y para su satisfacción. Adonis es una figura anti-masculina que no sigue el ideal masculino; no alcanza la libertad a través de la dominación y la agresión sino, mediante lo opuesto. Alcanza su autodefinición por su propia feminización, se pone en una situación que corresponde al género femenino a través del sufrimiento y la sumisión. Asimismo, él demuestra su goce con el sufrimiento y angustia que se convierte en una necesidad para satisfacer su placer, para seguir existiendo. Por consiguiente, el antihéroe encuentra el poder y el placer en la sumisión o en la denigración de su persona. Como lo establece Leo Bersani: "la dominación y la sumisión se convierten en fuentes de placer" (108). Por ejemplo, en este caso el antihéroe se acostumbra a su situación de ente marginado; toma ventaja de su posición sumisa y así actúa de acuerdo a sus deseos. Por lo tanto, el satisfacer su placer reside en la humillación y la sumisión de su persona.

En esta novela se cuestiona la forma en que se percibe a los seres humanos como sujetos sometidos y sobre los medios de escapar a esa sujeción. En otras palabras como se muestra al ser humano como víctima de la sociedad que expresa constantemente sus sentimientos para liberarse de esa presión. La propuesta de Foucault es la desconstrucción del sujeto moderno y con la creación de un ser que pueda inventarse a sí mismo. Un ser no surcado por las relaciones de poder y las prácticas sociales impuestas que no son más que la manifestación del sometimiento de una forma de vida sobre otra. Con esta novela, se establece que es bueno someterse para invertir los sistemas que nos organizan, para escapar de los regímenes de normalidad social y sexual. Adonis se entrega a las exigencias de las demás personas y así establece el juego en el cual la inversión de los roles del amo y el esclavo ponen en tela de juicio las estructuras inalterables de poder. Las relaciones sexuales de Adonis con sus amantes pueden llegar a las prácticas sadomasoquistas porque desarrollan una conducta sexual que refleja la sumisión, como también en ocasiones la dominación. Freud señala que: "aquel que halla placer en producir dolor a otros en la relación sexual está también capacitado para gozar del dolor que puede serle ocasionado en dicha relación como de un placer... lo que sucede es que una de las formas de la perversión, la activa o la pasiva, puede hallarse más desarrollada en el individuo y construir el carácter dominante de su actividad sexual" (31). Por lo tanto, a través de la narración se expone que se puede procurar placer en circunstancias no habituales para la hegemonía patriarcal.

Por lo general, los hombres piensan que pueden realizar prácticas sexuales con otros hombres sin ser cuestionada su virilidad mientras no desempeñen la función pasiva. Por ejemplo, un heterosexual puede permitirse el papel de insertar o ser activo, sin por ello desvalorizarse como heterosexual pero no sucede lo mismo con el rol pasivo, que si es despectivo. La sociedad latinoaméricana considera que el homosexual es el pasivo o el que recibe en el acto sexual. Igual se menciona que cuando Adonis realiza el papel pasivo o sumiso, desde la perspectiva patriarcal es como un papel humillante para quien lo desempeña. "Penetrar a alguien o dejarse que lo penetren para Adonis no es cuestión de lealtad de lucro, sino actos que van mas allá de cualquier aprecio, porque la verdadera motivación es el instinto sexual que no conoce reglas ni medida" (Muñoz 26). No obstante, Adonis queda desvalorizado al jugar el papel de pasivo en sus relaciones sexuales. Foster en <u>Latin American Writers on Gay and Lesbian Themes</u> manifiesta que "the category homosexual is not necessarily occupied by the one who is involved in same-sex erotic practices, but by the one who deviates from the gender constructs" (xxi). El relato de Adonis demuestra que él se atreve a enfrentarse a los estatutos de la sociedad dominante; responde a la oferta de la promiscuidad fálica; a contar sus aventuras sexuales, debilidades, emociones, sin importarle sí es marginado. Al respecto, Almaguer dice: "mexican men often find a tenuous assurance of their masculinity and virility in aggressive manliness and through a rigid gender role socialization that ruthlessly represses their own feminity" (80). Al Manifestar su degradación ante la sociedad para exponer sus emociones asociadas con la debilidad o la feminización. Un rasgo notable en la novela es que cuestiona la asignación fija del rol pasivo o del rol activo a un solo individuo, por ejemplo, con la conducta de este antihéroe se muestra como estos roles no son permanentes y que se invierten; debido a que Adonis se desenvuelve cómodamente en los dos roles sexuales. Por eso, la novela presenta el cuestionamiento de la sumisión de los roles pasivo y activo a través de la representación de los deseos sexuales que con frecuencia son rechazados por la sociedad. De esta manera, la novela cuestiona la imposición de los valores impuestos por la hegemonía. Por lo tanto, la sumisión o el rol pasivo proporcionan otras posibilidades del sentido y otras propuestas respecto a la construcción del género.

Por ejemplo, muestra que las personas no están forzadas a realizar un rol determinado de manera permanente en las relaciones sexuales.

Todas estas situaciones influyen la personalidad del antihéroe, máxime cuando Adonis procede de un ambiente social y cultural degradado, donde los recursos personales no son desarrollados. Por ejemplo, crece en un ambiente donde no existen recursos normalizados de socialización e integración y esto causa que no acepte las características de identidad impuestas por la sociedad, en otras palabras, el personaje no acepta una máscara como recurso de salvación. Asume su identidad sin portar ninguna máscara. Al respecto, Quiroja menciona que "the act of not wearing the mask turned you into a homosexual, while wearing it absolved you of responsibility" (7). Según, Octavio Paz, la mascara radica en: "la disimulación, exige mayor sutileza el que disimula no representa, sino que quiere hacerse invisible, pasar inadvertido- sin renunciar a su ser. El mexicano excede en el disimulo de sus pasiones y del mismo. Temerosos de la mirada ajena, se contrae, se reduce" (178). En la narración el antihéroe se quiere mostrar tal como es "Adonis mas que una representación de las condiciones de la prostitución callejera es una representación (cuasi) teatral de si mismo, del chichifo desamparado en la Ciudad de México" (Hererra-Olaizola, 257). Para Adonis, ser homosexual o prostituto implica una identidad unificada: poder integrar sus deseos sexuales con su imagen como hombre y no fingir ser heterosexual. La postura fundamental de este antihéroe es creer que ser homosexual le brinda una perspectiva diferente ante la vida, una perspectiva que valora bastante. Por consiguiente, Adonis asume su rol de antihéroe degradado y nos cuenta el desarrollo de su personalidad, expresando sus experiencias en su representación como marginado. Según Judith Butler: entiende toda identidad sexual como una categoría construida socialmente y es una representación o perfomance como si fuera una realidad que necesita práctica para poder llegar a significar. Al respecto, Bladimir Ruiz establece que "Adonis se auto define...como un homosexual de corazón y, a su vez, defiende a otros, también como homosexuales-las locas pero diferentes a él" (330).

Este recurso de desvaloración o de víctima, tiene valor confesional para obtener compasión de la audiencia, a tal grado que el lector llega a manifestar cierta simpatía con Adonis, por el valor que tiene de romper las reglas establecidas por la sociedad.

> "Se trata de una prueba en la que el joven demuestra que puede quebrar la ley y así adquirir el respeto... Esta experiencia por lo común se asocia con el gusto por la novedad, la aventura y el riesgo. Se escenifica, de este modo, la ruptura de la ley y el regreso a ésta." (Fuller,36)

Asimismo, la forma de narrar en primera persona y la sinceridad del joven es decir en comparación con los personajes que le rodean que son mezquinos e hipócritas hace que el lector muestre cierta simpatía y hasta identificación. Otra forma de identificar a Adonis con el lector es mostrandolo como a un joven atractivo físicamente. Otro rasgo sumamente notable es que al inicio de la narración, Adonis se presenta como un niño inocente pero que no puede resistir la fuerza de la sociedad corrupta, intransigente, e inmoral en la que vive. Por ejemplo, en su narración Adonis menciona que la actividad de la prostitución originalmente se le presentó casualmente por su amigo René que le explica los detalles de la prostitución; evidentemente, Adonis no rehusó en aprovechar esa información, convirtiéndose así en un antihéroe degradado.

El ambiente social de donde proviene Adonis se caracteriza por ser un entorno marginal. Por ejemplo, la representación sociológica del prostituto es recreada en esta narración como víctima de las circunstancias familiares, sociales, políticas y económicas. Así, de ese modo la libertad de elección siempre se da de un modo condicionado, ya que, se incorpora en la prostitución por la falta de valores, por falta de padres o el poco cuidado de su tío y por carecer de una educación. En consecuencia, son varios factores, de forma interrelacionados, son los que lo acercan al mundo de la prostitución, un ambiente que en muchas ocasiones no tiene salida. Sin embargo, el antihéroe también tiene una obsesiva búsqueda de sexo, lo cual lo coloca en una función de vividor obligado por necesidades circunstanciales y sobre todo por su deseo de satisfacer su apetito sexual. Una manera de sobrevivir y satisfacer ese placer es aprovechando las oportunidades que se le presentan.

> "El primer tipo que pasó era un señor… y se veía que tenía lana así es que dije "este va a ser mi primer cliente" y sí pasó en su coche una vez y luego… se fue a estacionar por ahí cerca… y ya que me habla… "vamos a mi casa… mientras íbamos rumbo a su casa me fue cachondeando así discretamente que la pierna… que una sobadita en la nunca." (56)

Este icono que se forma del prostituto es representado como parásito, degenerado y vividor; pero con el objetivo de mostrar las condiciones de vida del prostituto y el tipo de comunicación que tiene con las personas que le rodean. Por ejemplo, las actitudes de desprecio, rechazo y desconfianza por el oficio de Adonis están presentes y son manifestadas por los mismos personajes. En un fragmento, un cliente no confía en Adonis por suponerlo criminal: "pensaba que todos los chichifos… eran criminales… por lo menos en potencia y a tal grado llegaba su temor que fíjate no me quería dar su teléfono" (92).

En la actualidad, la prostitución se mueve en una situación ilegal además las personas que lo ejercen nunca se les ha tomado en cuenta y carecen de derechos reconocidos. Tanto los homosexuales como los prostitutos están desnaturalizadas de la esfera pública son invisibles e impensables para el modelo igualitario. Por eso, a través del discursó de este antihéroe se plantea que se debe valorar los pro y contras de dicha actividad, ya que, la existencia de la prostitución, contra lo que mantienen la hegemonía o los conservadores, concierne a todas la sociedades de todo el mundo; puesto que los servicios sexuales están presentes en cualquier sociedad, a la par de otros que ofrecen para satisfacer necesidades humanas. Por consiguiente, el discurso de Adonis revela que la prostitución es un modo de vida común, generalizado y muchas veces obligatorio para muchas personas;

además, es un conjunto de normas y relaciones económicas o sociales que le ofrecen aventuras sexuales y políticas.

Para entender la forma de ser del antihéroe es necesario considerar su modo de expresarse. Con respecto a esta narración se utiliza un lenguaje coloquial y popular que ayuda a caracterizar al antihéroe degradado. Este lenguaje va de acuerdo con su ideología, el cual busca transmitir; esto también es, una revuelta contra lo establecido. Es el lenguaje homosexual propio de medio ambiente degradado.

> "La cosa con René se empezó a poner muy gruesa; se empezó a azotar muchísimo por ondas de celos, en un principio no eran celos pero después sí... sigues viviendo por pura hueva de sacar tus tiliches o de decirle al otro mono que las saque... me acuerdo que a René le encantaba mucho que llevara cuates a la casa y bueno una vez por ejemplo llevé a un cuate que había conocido en el billar porque lo quería seducir." (97)

El lenguaje burlón en uso recopila prejuicios; conductas verbales orientadas a la rebeldía; en conclusión, una serie de descréditos o degeneración a los mismos grupos homosexuales como a la sociedad, en particular de la sociedad heterosexual patriarcal. Al respecto Foster señala que el escritor "Zapata ha tenido bastante éxito al burlarse de la cultura popular que es una parte integral del capitalismo y su ideología de apoyo del hetrosexismo compulsivo, dimensiones de disidencia sexual y desorden erótico que efectivamente cuestionan cualquier intento de especificar lo que es la normalidad sexual" (94). Por ejemplo, en la novela se encuentran calificativos estereotipados determinados para los homosexuales y prostitutos, Adonis degrada a los homosexuales y prostitutos, estando consciente de que él pertenece a estos grupos. Con su vocabulario, se refiere a ellos como locas, jotos y chichifos. Son apodos que muestran la actitud despectiva hacia estos grupos por parte de la sociedad mexicana. "Te terms used to refer to homosexual Mexican men are generally coded with gendered meaning drawn from the inferior position of women in patriarchal Mexican society" (Almaguer 82). En la narración predomina un vocabulario humillante y vulgar que convierte en sensacionalista los hechos relativos a la prostitución homosexual. Por lo tanto, es apropiarse de un código para representar su realidad y el lenguaje que acude mediatiza esa misma realidad.

Adonis García, no logra madurar no le interesa, al contrario, lo vemos rechazar los convencionalismos sociales. Por eso, se recurre a un antihéroe que pueda escudarse en esa misma ideología de confusión, discriminación y vacío, con el propósito de realizar una acusación a la hegemonía, a la condición humana y a la opresión de la sociedad. "Adonis, desvía hacia otros la discriminación heterosexual; por otro, nos revela uno de los aspectos más terribles de la opresión: como mecanismo de control y marginación tiene una gran fuerza alienadora" (Ruiz 333). Adonis con orgullo y dignidad acepta su identidad subalterna que le corresponde representar en la sociedad, basada en la supremacía de la hegemonía patriarcal.

Uno de los propósitos principales por los que se degrada es para también degradar y exponer las lacras sociales, políticas y humanas. Esto lo realiza mezclando las injusticias con lo humorístico, logrando denigrar a los grupos dominantes y de autoridad. Por ejemplo, desaparece toda idea de respeto y efectúa un constante ataque a las autoridades policiales. Se observa al antihéroe ridiculizándolas y denigrándolas por considerarlas ilimitadas, empleando comentarios irónicos. Por ejemplo, retrata el mundo de la vigilancia con su hipocresía y corrupción. Asimismo, demuestra que las fuerzas policíacas como autoridad también caen, en algunos casos, en la degeneración de la prostitución. Así como se muestra en el siguiente fragmento:

> "A uno de ellos al que le decíamos comandante lo vi después varias veces y más o menos nos hicimos cuates por él me enteré de un chorro de cosas que si te las contará harían que nunca en tu vida volvieras a sentirte tranquilo en la calle." (88)

Hay una insistencia en la corrupción de la policía cuando interviene en el asunto de la prostitución. Menciona las infracciones del reglamento en que incurren las autoridades deshonestas que ocasionan que los homosexuales continúen siendo objeto de discriminación. Por ejemplo, la policía acepta una orgía homoerótica a cambio de inferir una infracción de tráfico. Como resultado, la degeneración de su persona es el único destino posible no sólo para Adonis sino para toda una sociedad que tolera el desorden y la degeneración en que también se envuelve. Bladimir Ruiz afirma que para Adonis todas las demás personas "tienen una doble moral, una constituida fundamentalmente a través de la cancelación o represión del deseo" (336). Así, se destapa al grupo hegemónico en el que todos mienten, se aprovechan y recurren a la prostitución.

En la narración, el espacio de la Colonia Roma le otorga identidad, resistencia y un sentido de pertenencia a Adonis García. "El espacio juega un papel de suma importancia ya que, como marginado, está obligado a forjar un espacio propio, un espacio que le sirve de escape o de protección, tanto en el plano físico como emocional" (Torres-Ortiz 84). En el espacio de la hegemonía no encuentra el espacio liberador que le permita tener protección, tranquilidad y expresar libremente su sexualidad, por eso, el espacio donde desarrolla sus actividades desempeña un papel importante al trasmitir información sobre la sexualidad. Adonis busca sitios para afirmar su identidad como espacios degradados que sirven de punto de encuentro. (Torres-Ortiz 87). Al respecto, Bladimir Ruiz menciona que en la prostitución Adonis "se inserta en el mercado y consumo capitalista, sino también como el medio a través del cual el protagonista entra en contacto con un submundo en el cual se mueve placenteramente, con una comunidad que le da el sentido de pertenencia" (335). Aún así a los homosexuales que buscan sexo en la calle son concebidos como desestabilizados, negándoles su existencia. Por eso, como observador en su posición homosexual marginal, sabe lo que significan estos espacios de exclusión; espacios que son esenciales en el desarrollo de la identidad subordinada.

"Ahí me tienes en la noche haciendo guardia en las puertas
del sanbors de niza allí fue mi debut...le debo mucho

al sanbors de niza...en aquella época la zona rosa era un continente exótico para mí ahora te puedo decir qué calle hace esquina con cuál en dónde quedan todos los restorantes y cabarets." (55)

Lugares que contribuyen a la actitud y personalidad del personaje debido a que su socialización transcurre en las calles. Bladimir Ruiz señala que "el submundo de los baños públicos es, para Adonis, el lugar de la aceptación sin límites, el terreno en el cual se borran las fronteras de clase erigiéndose en una suerte de espacio de la utopía igualitaria" (336). Estar en la calle es una manera de esconderse, es la huida de la soledad, de la incomprensión y de no-pertenencia. Usualmente, Adonis transita por más espacios urbanos buscando relaciones sexuales. Asimismo, se puede señalar que estos estigmas ambientales, no son otra cosa que la adulación de la que se hace a la condición del homosexual, ya que éste sólo se desenvuelve en lugares concretos degradados, como lugares de prostitución, baños, cines para adultos o esquinas. Sitios con aspectos peyorativos que refuerzan la degradación y rechazo del homosexual debido a su depravación en lugares públicos. Por lo tanto, el medio ambiente es considerado un factor que contribuye a crear una atmósfera de degeneración casi absoluta. La colonia Roma se le presenta como un lugar donde todo es decadente y todo se pudre, así pues, la ciudad degenerada termina por contagiar a Adonis.

La novela de El vampiro de la Colonia Roma refleja la realidad del joven mexicano marginado que no se ubica en su mundo social, como lo es en este caso Adonis. En el medio en el que se desenvuelve: no le interesa en lo mínimo lo establecido por la sociedad; sus anhelos de progreso no existen y la pobreza afecta su identidad social. "Por andar todo el tiempo en la calle terminé conociendo la ciudad como la palma de mi mano...me iba al centro a ver los aparadores a dar vueltas por la alameda a ver la gente los discos los vendedores ambulantes todo" (25). A través de la novela se determina su identidad degradada en los espacios igualmente degradados en los que se mueve. En consecuencia, la realidad social del antihéroe pose dos características sociales. La primera es que los sucesos del antihéroe como en este caso sus relaciones homosexuales o la prostitución tienen con común la desviación de la norma y la marginación por parte de la sociedad. La segunda característica es que el antihéroe desea mejorar y por eso busca medios ilícitos como es la prostitución para lograr sus deseos.

El antihéroe tiene un estilo particular de abordar los diversos temas prohibidos. Por ejemplo, el sexo, como las drogas y el alcohol representan un factor importante para su satisfacción, aunque son elementos para la sociedad que lo degradan como ser humano; sin embargo, Adonis no tiene ninguna inhibición para hablar de sus diferentes dependencias:

> "Empezamos a fumar mucha marihuana empezamos ahora sí entrarle con ganas fumábamos muchísimo qué bárbaro nos fumábamos al día como dos o tres cigarros bastante grandes…me empiezo a sentir mal empiezo a sentir una cosa así una sensación muy extraña…veía todo rarísimo veía el parque como si fuera una fotografía en blanco y negro…al día siguiente amanecí bien entonces como ya me sentía bien…me fumé el cigarro pero otra vez empecé a sentir lo mismo una onda muy rara entonces decidí que no que ya no iba a fumar marihuana y me compré mi tequila dije esto es vida como en los viejos tiempos y me sentí muy contento me sentía muy contento nomás tomando." (167)

Con estos elementos de ocio y de diversión, la novela reproduce los esquemas y estereotipos dominantes y marginados como lo es la homosexualidad, devolviéndole a la sociedad lo que ella misma rechaza. De acuerdo con Oscar Guasch.

> "La subcultura gay es la cultura del ocio y de la fiesta e implica un estilo de vida claramente orgiástico, mientras que la sociedad global es cada vez menos prometeica: está dejando de ser un tipo de sociedad basada sobre todo en el trabajo, y el ocio deviene central en ella…Como

consecuencia de esos procesos, la cultura madre diluye la
subcultura gay al reproducir muchos de los rasgos que le
daban especificidad." (92)

El alcoholismo y las drogas son una manera de escaparse
del modelo hegemónico patriarcal ya que estas les proporcionan
bienestar. Sin embargo, a medida que avanza la novela Adonis va
dejándose llevar por sus vicios, hasta que llega el momento que no
encuentra la salida. Al respecto, Alicia Covarrubias comenta que
"su aparente prosperidad señalan apenas un distanciamiento, no
un cambio de vida radical. El deseo de evasión y los medios a que
apela para lógrala también van in creciendo: alcohol, barbitúricos,
marihuana, la combinación de todos ellos y la posibilidad de un viaje
extratraterrestre." (188)

Como consecuencia, Adonis representa una imagen solitaria de
las relaciones amorosas entre personas del mismo sexo o de las que
se dedican a la prostitución, negándoseles la posibilidad tener una
relación romántica y estable. "La pretendida promiscuidad gay hace
referencia al mito de una supuesta facilidad de ligue, a unas practicas
sexuales frecuentes y ligeras y al reinado casi exclusivo del sexo en la
vida del homosexual" (Fuentes 157). Relegado a una soledad cada
vez más sofocante, hacia el final de la narración se muestra el vacío
del personaje. Su espacio, que en principio era su paraíso terrenal,
queda restringido finalmente a una sola estancia sin salida. Para
entonces, también la soledad y la monotonía se ha apoderado de
su territorio, se da cuenta que su situación no cambia, sobre todo en
la clase social baja a la que se le niega el derecho a la igualdad
y a la superación en su país. Ballester Arnel en su estudio sobre el
nivel de bienestar o malestar psicosocial de los jóvenes que ejercen
la prostitución refleja que "un cierto porcentaje que gira en torno al
30% de estos jóvenes con problemas de soledad, tristeza o ansiedad,
quizás como consecuencia de algunas de las características inherentes
a su actividad" (195). Sin embargo, el antihéroe dentro de su soledad,
responsabiliza a la sociedad injusta a través de su discurso.

Hacia el desenlace de la historia Adonis reconoce sus fracasos, se pregunta por su futuro, trata de salir de su situación, pero, se siente sin entusiasmo, sin amor, ni tiene los recursos económicos para hacer un cambio. La novela termina con un sujeto dependiente a los temores que en un principio el mismo pretendía dominar. Parece que se da por vencido ante sus propósitos y se encierra en sí mismo. Piensa que debe irse porque ese lugar le impide ir a hacia un mejor destino.

"Estaba harto de no poder hacer nada sin que se enterara todo el mundo de tener que ir siempre a los mismo lugares de ver siempre a los mismos... como que pienso que todo este deseo de esta onda de no querer estar aquí de buscar otras ondas... como que me hacia pensar que no sé como que no la iba a hacer en el talón... pero el caso es que me sentí harto y dije: ahora sí voy a mandar esta pinche ciudad a la chingada." (127)

Adonis observa que en su ciudad no tiene ninguna posibilidad de salida, esta atrapado en medio de la crisis, corrupción y sin ninguna oportunidad. Ya no cree en el sistema, en la política y en las instituciones. Ya que no puede desarrollarse como persona en la ciudad de México, pues no aceptan su identidad social. Aunque se manifiesta en contra del discurso de la sociedad, al final percibe que no le sirve de nada porque "superar la homofobia y difundir el homoerotismo como instrumento de redefinición social de la identidad masculina terminará con la subcultura gay" (Guasch 137).

En conclusión, El vampiro de la Colonia Roma, presenta la ruina y total degradación del personaje principal, que se vislumbra en una época caracterizada por la confusión de valores, prejuicios y lleva las marcas reconocibles de los frutos sociales de la década en que vive. Después de todo, el ambiente social de donde proviene Adonis se caracteriza por ser un entorno marginal, por ejemplo, el haber perdido a sus padres, ser víctima de malos tratos por parte de su tío y por no poseer dinero para vivir. Como consecuencia, Adonis se representa como un personaje plano que siempre es el mismo, sufre una serie de situaciones que lo van aniquilando hasta tal punto, que llega a ser un antihéroe degradado, finalmente, su narración reafirma su identidad desde la perspectiva del antihéroe. La actitud de Adonis es realista más que cínica, a través de la novela expresa que por su situación miserable no le quedan más opciones. Es evidente que, el factor de la presión económica resulta determinante para que Adonis adopte y permanezcan en la prostitución; sin embargo, las circunstancias significativas de este antihéroe y sus razones pueden ser muy variadas como en este caso que demuestra que goza de la sumisión, humillación y sufrimiento. Por eso, los conceptos de degradación y sumisión del personaje principal revelan su satisfacción de su situación marginal y del medio social en el que se desenvuelve; como consecuencia, acepta su vida y sus aventuras sin arrepentimiento. Estas actitudes de desprecio, rechazo y desconfianza por el oficio de Adonis están presentes y son manifestadas por los mismos personajes. La degradación que vive en la prostitución no es el origen de sus conflictos, sino el sobrellevar las vejaciones de la sociedad. La figura de antihéroe de Adonis sirve para contar su manera de vivir y hacernos parte de su ideología, señalando así que es bueno someterse para invertir los sistemas que nos organizan, para escapar a los regímenes de normalidad social y sexual. Por lo tanto, uno de los principales motivos de la novela es demostrar que las personas no están forzadas a realizar un rol determinado de manera permanente en las relaciones sexuales. En el lenguaje predomina un vocabulario humillante y vulgar que convierte en sensacionalista los hechos relativos a la prostitución homosexual. Por lo cual, si se degrada es para también denigrar y exponer las lacras sociales, políticas y humanas. Así, se destapa al grupo hegemónico en el que todos mienten, se aprovechan y recurren a la prostitución. En este caso la novela pone en evidencia el persistente cinismo de la sociedad, abordando el tema de la prostitución teniendo en cuenta que el papel de representarse como antihéroe que se ironiza y se caricaturiza al mostrarlo como un antihéroe degradado, por su conducta antimoral, porque nos hace participes de sus desventuras haciendo sarcasmos de sí mismo, desacreditándose y por su satisfacción en la degradación, marginación y sumisión que se desenvuelve. Este sufrimiento se convierte así en una necesidad para su supervivencia y para su satisfacción.

Capítulo Cinco

La búsqueda de la identidad en No se lo digas a nadie de Jaime Bayly

No se lo digas a nadie de Jaime Bayly es la historia de un antihéroe pero también de varias personas relegadas que poseen una buena posición económica en Latinoamérica. La novela ofrece una serie de anécdotas que reproducen diferentes situaciones cotidianas por las que atraviesa un joven de buena familia que está en la búsqueda de su identidad. Al tomar en consideración que la identidad es el sentido del yo, que proporciona una unidad a la personalidad en el transcurso del tiempo. Entonces la identidad de este personaje se entendería como un proceso que está conformado por las relaciones que mantiene desde la infancia hasta su etapa adulta con sus padres, sus amigos y la sociedad en general. La novela presenta a un antihéroe a través de anécdotas que muestran la desconstrucción de la masculinidad. Esto se realiza revelando sin tapujos, lo que normalmente ocurre en una sociedad de Latinoamérica; especialmente lo que ocurre en el entorno social de Lima, Perú; con el fin de dejar a la luz lo que oculta la hegemonía. La importancia de la novela es la presentación de un personaje que adopta una postura subversiva como la del antihéroe frente a los estereotipos que han nutrido la homofobia dominante. El carácter exhibicionista del texto se muestra con sinceridad lo que socialmente ocurre en un sistema heterosexual y machista en Latinoamérica. Una de las principales funciones de este antihéroe es destapar la verdad cuidadosamente velada por el sistema social, así este hecho procede a la desestabilización de las jerarquías sexuales. La novela es un discurso que muestra las actividades, ideales y acciones reprimidas, cuyo propósito es informar aquello que se quiere escuchar pero que muy pocos se atreven a expresar. Es un texto que denuncia como la homosexualidad y la bisexualidad se acomodan a la estructura social; por ejemplo, registra a la homosexualidad en el contexto de la estructura familiar y social latinoamericana; considera a la homosexualidad como un prejuicio cultural caduco que subvierte. Para lograr lo anterior presenta varias anécdotas y diálogos de un antihéroe en una sociedad que le impone lo que debe ser y lo que tiene que hacer. Sin embargo, para encontrar su identidad el personaje principal sale de su silencio, o del clóset y se revela a lo establecido; muestra a un antihéroe que contrasta con los modelos masculinos idealizados que se le han impuesto. Al Trasgredir las normas sociales es como se puede dar acceso a una democracia para que cada persona, cualquiera que sea su condición sexual, sea aceptado legalmente, sin rechazo injustificado, en una sociedad latinoamericana en la que un antihéroe homosexual juega un papel muy importante dentro de ella. Señala las relaciones homoeróticas como algo natural y no como un acto aberrante. El discurso de la novela reivindica y desmitifica al homosexual porque sólo así se puede lograr una aceptación popular.

No se lo digas a nadie es narrada en tercera persona, como enfoque utiliza a un antihéroe de buena posición económica y social en Lima, Perú que encuentra dificultades para adaptarse a la sociedad latinoamericana; debido a una confusión de identidad. La voz en tercera persona narra la historia de Joaquín quien pertenece a una familia prestigiosa, de buena educación y buenas relaciones sociales en la ciudad de Lima. La novela cuenta la vida de este joven desde la infancia hasta su vida adulta, con diálogos que son voces agónicas que testimonian la represión y falta de libre expresión a que está sujeto. La narración y los diálogos sirven para mostrarnos que a pesar de tener prestigio social y recursos económicos para triunfar en la vida, se puede llegar a ser un antihéroe, por la dificultad que encuentra en adaptarse a la sociedad debido a su confusión respecto a su sexualidad y sobre todo a la incomprensión familiar. Robert Ruz señala, que la novela: "not only sets a scene of homophobia and hypocrisy it contextualizes a local, normative heterosexual scripting and sets the specific socio-economic scene of the upper middle class in Lima" (27). La novela gira en torno a la tensión que provoca el deseo homosexual encubierto de Joaquín que entra en conflicto entre el machismo de su padre y la religiosidad de su madre. Aunque Joaquín tiene una buena posición social, desde el inicio de la narración, se establece su condición de antihéroe debido a que su representación sociológica es recreada como víctima de las imposiciones familiares, sociales y la de sus propios deseos sexuales.

En el transcurso de la novela el antihéroe muestra una lucha constante por encontrar su identidad. Por ejemplo, Joaquín es arrastrado en su vida en direcciones opuestas provocado por diferentes cuestiones como: su situación social, sus amistades, la religión y sus deseos sexuales. Por lo tanto, la identidad de este antihéroe es un proceso que está conformado por las relaciones que mantiene con sus padres y sus amigos. Es importante tomar en cuenta que la identidad es el sentido del yo que proporciona una unidad a la personalidad en el transcurso del tiempo. Al respecto Oscar Guash señala que:

> "La identidad es un proceso subjetivo y emocional que permite a las personas y a los grupos ubicarse en el mundo. La identidad ofrece seguridad a las personas […] Crear la identidad permite orientar la vida de las personas y de los grupos. Las y los homosexuales, hasta hace poco, carecían de ese poder. Es un derecho que conquistan desde los años sesenta. Las identidades gay y lesbiana son el resultado de esa victoria."(9)

De igual manera, Marina Castañeda expresa lo que es la identidad del homosexual: "trata de una identidad que no está dada desde un principio sino que se construye poco a poco; y una identidad que no siempre se expresa de la misma manera, sino que cambia según el entorno inmediato y la etapa de la vida" (22). Al respecto, Oscar Guash expone que: "las identidades gays y lesbianas son estrategias de defensa diseñadas por las personas homosexuales para protegerse de la sociedad que les agrede" (9). Joaquín, no aprende a aceptar su verdadera orientación sexual, sino después de que conoce a otras personas o se enfrenta a varias circunstancias que le ayudan a reconocer su identidad. Al mismo tiempo que el antihéroe va descubriendo los requerimientos de la sociedad y de su familia, estará descubriendo los espacios y deseos que forman parte de su vida invisible.

El antihéroe Joaquín experimenta una confrontación y un constante cuestionamiento para construir su identidad basada en los componentes impuestos por el patriarcado de la sociedad latinoamericana. Al respecto, Norma Fuller afirma sobre la identidad en Perú: "masculine identity is intersected by contradictions due to the fact that is installed in spheres which imply different rationalities and demands" (111). La familia es la base de la sociedad y por lo tanto es un aspecto clave en la novela, tanto el padre como la madre educan a Joaquín para representar los valores patriarcales generales. Por ejemplo, los padres intentan hacer de su hijo un digno representante de la clase a la que pertenecen y tratan de convertirlo en un hombre respetable y de autoridad. Luis Felipe, el padre de Joaquín es el que representa el modelo de la masculinidad hegemónico por dedicarse a la política y ser machista. Sobre la importancia del padre de familia en la sociedad Manuel Castells afirma que:

> "Patriachalism is a founding structure of all contemporary societies. It is characterized by the institutionally enforced authority of males over females and children in the family unit. For this authority to be exercised, patriarchalism must permeate the entire organization of society, from production to consumption to politics, law and culture...Yet is is analytically, and politically, essential not to forget the rooting of patriarchalism in the family structure, and in the sociobiological reproduction of the species, as historically and culturally framed." (134)

El padre de este antihéroe se representa como un ser siniestro que desea controlar todo sin dar independencia, es el prototipo del hombre machista que siempre trata de imponer su poderío. Al respecto, Patricia Ruiz señala que el padre de Joaquín: "sigue los valores a la calle, estos son la jerarquía y a la competencia...Su figura no corresponde al modelo moderno de ciudadano sino al del patrón autoritario...que reclama el halago y la admiración de todos" (199). A través del personaje del padre se deja claro, en la novela, que el patriarcado, la prepotencia y el machismo se aprenden en el seno de la familia. Según Rodrigo Parrini menciona que:

> "Constatamos...una imbricación entre masculinidad y paternidad. Esta será un atributo de aquélla, ambas se retroalimentan y determinan. Es así como podemos escrutar el modelo hegemónico de masculinidad como un modelo que se ordena en torno a la función paterna; su figura central es el padre y su prescripción fundamental llama a todo hombre a ser un patriarca." (73)

El padre desea ver en su hijo la imagen de sí mismo, esto lo vemos en el comentario que realiza el padre a Joaquín "me gustaría que el día de mañana seas un gran pendejo como tu padre...Yo de muchacho no tuve un papá que me supiese aconsejar bonito, como te estoy aconsejando yo" (68). Al respecto, Patricia Ruiz menciona que Joaquín "como representante de los grupos de poder debe encarnar la masculinidad hegemónica, no puede salirse del modelo prescrito, no tiene derecho a elegir" (196). Por eso, si Joaquín se declara un ser marginal afecta el prestigio, el honor, su estatus social tanto de él como de su familia.

El prototipo de masculinidad es principalmente indicador de que se posee valor y fuerza para dar protección, alimento y dirección a una familia. Además, el hombre no debe sentir dolor y no debe mostrar ninguna emoción, evitando siempre las características femeninas. El machismo, como extensión de la masculinidad, infunde que un hombre para ser un genuino varón debe ser todo lo contrario a una mujer, como resultado, en varias ocasiones el género masculino carece de características tiernas o románticas, ya que los hombres no pueden permitirse ningún atributo femenino. Sobre la figura masculina en la sociedad contemporánea, Badinter muestra que el ideal masculino tiene ciertas características básicas. Primeramente, el hombre carece de toda feminidad, y se le exige que renuncie a cualquier tipo de afecto; mostrando que no es una mujer o un homosexual. Por eso, la homosexualidad se ha confundido con afeminamiento. Otra característica es que la hombría se mide por el poder y la admiración que causa en los demás. Además, es necesario ser importante en el ámbito social, justificando siempre el reconocimiento que el hombre trata de buscar siempre con el trabajo y el éxito económico para llegar a ser "un gran hombre". También, el hombre tiene el compromiso de ser potente, independiente, poderoso y autónomo. La ultima característica es que el hombre debe ser el más fuerte de todos y si es necesario debe utilizar la violencia. El hombre es culturalmente violento ante la necesidad de demostrar su frágil identidad. Por eso, puede abusar del poder, humillar al débil y someter a quien considera su amenaza (160-161). Al respecto, Patricia Ruiz menciona que Luis Felipe el padre del protagonista es "el modelo tradicional de masculinidad, el cuidado de su cuerpo es central para el ejercicio de su sexualidad y su virilidad" (203). Por ejemplo, en el texto se encuentra una conversación donde el padre le comenta a Joaquín sobre como debe imponer su autoridad ante las mujeres:

> "Ahora que ya eres un hombrecito, te voy a dar dos o tres consejos sobre mujeres…Primer consejo: nunca te olvides que todas las mujeres son unas putas…Segundo consejo: nunca le hagas caso a una mujer cuando te dice que no…No vayas a dejar que una hembra te domine por la chucha." (66)

Su padre le proporciona estos consejos porque lo percibe débil y confundido. Al respecto, Guillermo Núñez menciona que:

"Cuando un ser humano se comporta sensible, obediente, emotivo, prudente, inocente, si se somete...si es niña se dice que es: delicada femenina, dócil, sentimental, cauta, ingenua, fiel...si es niño se dice que es: maricón, sensibilero, débil, llorón, cobarde, pendejo, arrastrado." (52)

Este antihéroe no deja de ser atormentado por el recuerdo de las imposiciones de conducta masculina que le trata de imponer su padre. Las sanciones del padre hacia Joaquín se convierten en una experiencia castradora para Joaquín, y como consecuencia lo convierten en un hijo confundido respecto a su identidad. Patricia Ruiz menciona que: "la paternidad es opresiva, no deja lugar al desarrollo del hijo. Como padre, Luis Felipe fracasa y traiciona al hijo" (144). En el siguiente fragmento se muestra la castración del padre hacia el hijo en su trato cuando lo lleva a cazar animales: "eso me pasa por ir de cacería con maricones, carajo. Ahora váyase a su cuarto y no salga de allí hasta que yo le diga" (90). En otro capítulo se cuenta como el padre lo humilla cuando Joaquín toca indebidamente a su hermano menor, "Joaquín...contó los veinte latigazos...-Un hijo maricón- murmuro Luis Felipe, haciendo un gesto de desprecio-. Hubiera preferido un mongolito, carajo" (94). Joaquín, es constantemente conducido en direcciones opuestas por las condiciones de su familia y sus deseos homosexuales. Por lo tanto, el sistema a través de la prepotencia, los regaños y humillaciones, lo controlan a través de la culpabilidad y el miedo convirtiéndolo así en un antihéroe.

Joaquín, rechaza los convencionalismos sociales porque no desea seguir el patrón del patriarcado. Este antihéroe se revela ante los modelos patriarcales porque no quiere ser como el padre, que para él ha sido un machista autoritario. Joaquín, sólo tiene sentimientos de rencor y odio hacia su padre; adoptando una actitud irreverente ante la vida y ante los modelos de la hegemonía patriarcal. Por ejemplo, llega un momento en que desafía al padre cuando lo lleva con una prostituta para que desarrolle las características propias del hombre, pero Joaquín la rechaza. Le ofrece dinero a dicha mujer para que le diga a su padre que si sostuvo relaciones con él. Joaquín, utiliza la misma corrupción de la sociedad y compra el silencio de la prostituta para que no le cuente a su padre que no ha cumplido con los estatutos de masculinidad; sino que ella comente que es igual a su padre, como lo expresa en el siguiente dialogo que sostiene el padre con la prostituta:

"-¿Qué tal mi cachorro, Florita? -preguntó Luis Felipe.
-Un diablo, casi me mata de asfixia con ese troncazo -dijo
Flora-. De tal palo tal astilla." (65)

La irreverencia y delicadeza de este antihéroe contrasta con los modelos masculinos idealizados que se imponen. Patricia Ruiz señala que en la novela: "se presentan tres patrones de masculinidad: el macho, el monje y el bisexual y como contrapunto la representación del homosexual" (146). Asimismo, la figura materna trata de influir en la identidad del antihéroe. David Foster indica que: "la figura más patética en No se los digas a nadie es la madre, luchando ferozmente para permanecer como la fuerza unificadora de una familia de clase media alta de Lima, acosada por las drogas, el alcoholismo y la homosexualidad" (Producción 242). La madre, llamada Maricucha quiere que Joaquín sea diferente a su padre, convirtiéndolo en un creyente religioso. Ella lo percibe como un niño que debe seguir los valores tradicionales; exigiéndole castidad, santidad y responsabilidad. Patricia Ruiz menciona que: "Joaquín va a verse confrontado por los mandatos de masculinidad expresados por su madre (el santo) y por su padre (el macho). Desde niño tiene que lidiar con dos propuestas polares que desconocen su sensibilidad y sus necesidades" (199).

La madre es sobreprotectora, se preocupa y se asusta tanto por las conductas sexuales del padre como las del hijo. La influencia que tiene la madre sobre Joaquín es importante para su preferencia sexual, como en su conducta. Otto Fenichel, en su libro Teoría psicoanalista de la neurosis menciona que: "cuanto más tiende un niño a identificarse con la madre tanto mayor será la probabilidad de una orientación homosexual del mismo" (382). Luis Felipe, el padre, le reprocha a su esposa la sobreprotección hacia el muchacho y la responsabiliza de la conducta de su hijo, como vemos en el siguiente dialogo:

> "-Me lo vas a malograr a mi Joaquín -dijo Maricucha- Me lo vas a meter a tu mundo de cacerías y mujeres.
> -Lo voy a deshuesar, más bien —dijo Luis Felipe-. Tú me lo has convertido en una muñequita de porcelana. Tú tienes la culpa de sus mariconadas. Te has pasado la vida griéndolo, apañándolo." (78)

Es evidente que, este antihéroe tiene una mayor identificación con la madre que con el padre, ya que los dos son víctimas de la autoridad opresiva del padre. En este caso el antihéroe se rebela contra esa tiranía machista y no sigue las imposiciones del padre, ni lo imita; sino que se parece a la madre en lo débil y delicado. Asimismo, en sus relaciones homoeróticas que experimenta se representa como sumiso y pasivo. Por lo tanto, Maricucha espera que su hijo sea un creyente religioso y el padre insiste que adopte las características machistas. Pero Joaquín rechaza estos modelos hegemónicos; como consecuencia, esta negación de lo impuesto conlleva una mala comunicación con sus padres, incomprensión, soledad y sanción. Al respecto Víctor Jeleniewski señala que: "los hombres jóvenes sienten que están creciendo en un mundo diferente del que sus padres conocieron y cuando comienzan a definir sus identidades en oposición a sus padres puede ser difícil mantener la comunicación" (89). Joaquín, es atormentado por un sojuzgamiento familiar y social de que ha sido victima desde niño, ha crecido con sentimientos de culpa, con problemas para ajustarse a la sociedad y con un constante conflicto por encontrar su identidad.

Los padres en especial el padre ejerce el control para cerciorase de que su hijo Joaquín tenga cabida en el núcleo social de la normalidad. Generalmente, los padres creen tener la obligación de trasmitir valores firmes y quitar todas las malas influencias en sus hijos. Por consecuencia, Joaquín aprende a silenciar su preferencia homosexual, para cuidar la apariencia de normalidad. Por este motivo, el texto nos muestra como se ha provocado una homofobia arraigada en la cultura, provocando que la sociedad latinoamericana se manifieste a favor de la homofobia. Ejemplo de ello son los grupos políticos que han fomentando grupos homófobos, o han rechazando iniciativas de igualdad. Está homofobia afecta la identidad y la asimilación del antihéroe en la sociedad. Por eso, existe una preocupación de este antihéroe el cual analiza a las personas que le rodean incluyendo su familia, que se mueven constantemente en un mundo de violencia e injusticias y al mismo tiempo consideran la homosexualidad como la peor aberración. Según Marina Castañeda: "la homofobia no es instintiva, ni natural, ni tampoco inevitable. Es un hecho cultural, propio de ciertas sociedades en ciertas fases de su historia" (110).

Desde el inicio de la narración se observa la inquietud del antihéroe sobre su preferencia homosexual y se preocupa por su atracción a los hombres o no aceptación de su identidad. Como vemos en el siguiente fragmento, "por favor, Señor, ayúdame a dejar de ser maricón —rezó" (49). Joaquín, contempla su atracción a los hombres como una abyección y por eso se considera inferior. Marina Castañeda señala que: "otro problema que puede ser resultado de la homofobia internalizada es una autoimagen desvalorizada" (114). Al respecto Guillermo Núñez afirma que:

"El sujeto se ve a sí mismo como pecador, inferior, insano, perverso, desviado. La moral religiosa del cristianismo y la moral laicaza de cierto saber médico han causado daño y mucho sufrimiento a muchos individuos, en este caso, a los sujetos que están conscientes de tener sentimiento o deseos sexuales hacia personal de su mismo sexo." (182)

Las situaciones del antihéroe sirven para señalar el constante repudio y homofobia en contra de la persona afecta a su mismo sexo; por ejemplo, el padre que subestima toda conducta delicada de Joaquín y los amigos de Joaquín que golpean y humillan a un travesti. Por lo tanto, se muestra claramente el prejuicio en contra de la homosexualidad, como se nota en el siguiente fragmento:

"Gustavo alcanzó a la mujer que lo había insultado y la arrojó al suelo. Luego se tiró encima de ella y empezó a golpearla en la cara...Joaquín pateó a la mujer un par de veces...Luego le bajaron el calzón y vieron el sexo erguido de ese hombre vestido de mujer...-Es un masoco el rosquete- dijo Juan Carlos, y siguieron pateándola." (230)

En la novela se establece que se insulta y se repudia a los homosexuales para mantener una imagen masculina ante la sociedad. Este antihéroe revela las constantes injusticias hacia los homosexuales, también justifica el no poder mostrar su homosexualidad a las personas cercanas a su vida. Por eso, en Joaquín se manifiesta la homofobia interiorizada porque no ha aceptado su propia orientación sexual. Hay temor a ser homosexual porque el padre lo humilla constantemente por su condición y por miedo a las experiencias homofóbicas que observa que se realizan dramáticamente en el medio en que vive. Al respecto, Olga Grau menciona que:

"Vivimos en un sistema que no acepta la diversidad y en el que la hegemonía no se da solamente en términos del sexo, pero la especificidad de la homosexualidad hace que se invisibilicen las experiencias particulares de sexualidad que hay en ella." (238)

Aunque la novela pone en primer plano la relación masculina homosexual, lo hace para rebelar como la sociedad latinoamericana mantiene una relación heterosexual para tener una pantalla creada en respuesta a las presiones de la sociedad latinoamericana. Al respecto, George Chauncey señala que "los hombres gays, describieron la negación de su presencia en un mundo con frecuencia hostil como llevar doble vida, o usar máscara y quitársela. Estas imágenes tienen valor diferente al del closet, pues no indican el aislamiento de los gays, sino su capacidad y necesidad de moverse entre diferentes personalidades y diferentes vidas, una heterosexual y otra homosexual" (6). En este caso el antihéroe observa y revela como muchos varones se casan y tienen hijos para esconder su homosexualidad y así ser aceptados o incorporarse a puestos de poder; como lo realizan algunos de sus amigos o amantes. Generalmente, sus amistades recurren al matrimonio como escaparate decente que permite ocultar el deseo homosexual no aceptado.

La novela muestra claramente la imposición de una bisexualidad como condición de entrada en la vida social y señala al matrimonio heterosexual como una solución para no ser marginado y rechazado. Por ejemplo, Joaquín tiene la necesidad de llevar una doble vida, sin poder revelar su orientación sexual para no sufrir las consecuencias negativas por parte de su familia, amigos y la sociedad en general. Al respecto, Pércio de Castro comenta que la novela "se plantea el problema social de que para ser homosexual, uno debe hacerlo de forma anónima y a nivel privado, manteniendo así su preferencia sexual encubierta" (52). Por lo tanto, la sociedad le propone una conciliación con el margen homosexual, con tal de que éste acepte ponerse la máscara decente que se le ofrece. La novela a través de los diálogos expone que la sociedad integra el deseo homosexual a la vida heterosexual, aunque imponiéndole un contrato incuestionable. Así como se muestra en las siguientes recomendaciones que le da un amigo a Joaquín: "pero nadie tiene por qué saber que eres maricón. Te casas...tienes un par de hijos bonitos y listo. —Los hijos son para hacer pantalla nomás" (189).

Se entiende que si Joaquín hubiera estado dispuesto a someterse a realizar los objetivos que el padre le proponía y si hubiera aceptado tener una doble vida donde tuviera esposa, hijos y continuará con su vida homoerótica, como lo hacen sus amigos, entonces hubiera sido posible adaptarse a la sociedad latinoamericana y tener una buena relación con su familia. El personaje habría ganado la batalla y podría haber llegado a representarse como héroe, pero no esta dispuesto a seguir las formas de la sociedad.

Joaquín sabe que su conducta homosexual nunca será aprobada por sus padres, amistades heterosexuales y por la sociedad en general. La respuesta a esta confusión de identidad puede ser muy diversa y adopta diferentes actitudes. Por ejemplo, atraviesa en una etapa de cuestionamiento y busca tener una relación con una mujer para tener un comportamiento social aceptado. El antihéroe mantiene una relación con su amiga Alexandra y así redefinir su conducta hacia líneas más convencionales y aparentemente más aceptables para la tranquilidad de uno mismo y de la sociedad. Por consiguiente, su identidad masculina puede ser consolidada si logra tener una pareja femenina, sin importar que las mujeres le atraigan. La cuestión de estar con una mujer es una demostración para él como para los demás que se realiza como hombre.

Cuando Joaquín tiene la relación con una mujer percibe que el trato es más complicado; no fluye natural como las relaciones homosexuales; se preocupa por no corresponder de igual manera. Ejemplo de ello es cuando está con Alexandra: se describen ciertos gestos o relaciones sexuales que resultan ser más afectivos y cariñosos que revelan insuficiente pasión física. Como vemos en el siguiente fragmento:

> "Él no tenia ganas de seguir acariciándola, pero se sintió obligado a continuar. Trató de hacerle el amor. No pudo. No tenía una erección...Luego se encerró en el baño...se puso a llorar. Le daba rabia no poder hacer el amor con una chica tan linda como Alexandra." (167)

Joaquín se siente disminuido por no poder controlar la relación sexual que mantiene con su amiga. Ella como mujer, pone en evidencia sus carencias como hombre, pero Joaquín sabe que ella lo mantiene en subsistencia, lo confronta con su hombría adulta, para obtener una mejor aceptación en sociedad.

En la novela se encuentran conductas heterosexuales como una pantalla creada en repuestas a las presiones de la sociedad y en particular por las presiones de sus padres y amigos. Se entiende que el hombre decente, para ser socialmente aceptado y reconocido, tiene que casarse, tener hijos y conseguir un trabajo que corresponda con las ambiciones de su clase social. Sin embargo, Joaquín es rebelde ante las propuestas de la sociedad pero, también cae en el juego de mascaras de la sociedad, al tratar de iniciar una relación con su amiga Alexandra. Sidler Jeleniwski se refiere a la importancia de mantener una conducta masculina ante el público en la cultura latina, como vemos en el siguiente fragmento:

> "En las culturas latinas, donde la familia es considerada una institución significativa, hay una relación particular entre vida privada y pública. A menudo el interior de culturas católicas hay un énfasis en mantener las apariencias en público y en el comportamiento correcto, lo que puede abrir una brecha particular entre las vidas emocionales internas que las personas no esperan compartir y la manera como se presentan ante otros...cuando los varones jóvenes descubren que tienen sentimientos sexuales por su mismo sexo, pueden sentirse perturbados y ansiosos por este descubrimiento; pueden sentirse avergonzados y amenazados en su sentido de masculinidad, aislados, solos e incapaces de valorar sus propios deseos." (20)

Asimismo, Brian Pronger se refiere a esa necesidad y habilidad que tiene el homosexual de pasar como heterosexual, mencionando que "the ways gay men think are very much the result of having to deal with homophobia. To avoid suffering in potentially homophobic settings...gay men learn to pass as straight" (80). Por ejemplo, en la novela se encuentra una referencia que hace un amigo a Joaquín sobre la necesidad de esconder su preferencia homosexual en la sociedad:

> "En este País hay ciertas cosas que no se deban hablar, y nuestra debilidad por los hombres es una de esas cosas. En el Perú puedes ser coquero, ladrón o mujeriego, pero no te puedes dar el lujo de ser maricón." (140)

Joaquín había tomado la decisión de vivir su sexualidad y tener el control en el proceso. Pero eso no significaba que pudiera ser del todo honesto con la sociedad limeña sobre la aceptación de sus deseos sexuales. Llega un momento en que Joaquín consigue tomar la iniciativa de cautivar a un hombre y consumir un encuentro sexual, asumiendo una actitud sumisa en la relación. Sin embargo, se da cuenta que por la presión social tiene que encubrir su preferencia sexual para que el hombre seducido no se sintiera amenazado, ni lo juzgaran como homosexual. En otras palabras, Joaquín entiende que en Lima no es posible adoptar la identidad homosexual mediante la confrontación directa.

Hay que tener en cuenta que Joaquín tiene una necesidad de mantener su pertenencia a su mundo social como lo es el mundo al que pertenece sus padres y sus amigos. Por eso, con tal de no dejar de pertenecer a ese ambiente esta dispuesto a silenciar su inclinación sexual. Por consiguiente, el antihéroe obligado a someterse a la entrada en el closet, encuentra en este espacio invisible la opción de formarse una identidad que le está reprimida en el exterior pero que sí puede desarrollar en el interior del closet. Visto desde esta perspectiva, el espacio del closet depende de la existencia simultánea de un espacio exterior y otro interior para crear sus propios límites. La teoría de Eve Kosofsky Sedgwick en su libro <u>Epistemology of the Closet</u> explica que no hay una sola sino múltiples maneras de permanecer en silencio; se explica que el closet genera un régimen de conocimiento y en torno a él se articulan una serie de conflictos relacionados con la represión, sobre lo que se dice y no se dice. Al respecto, Robert Ruz menciona:

> "What Sedgwick has described as the double-edged potencial for injury of coming out because the erotic identity of the person who recieves the dislousre is apt also to be implicated in, henece perturbed by it' is inherent in Joaquín's attempt to tell his parents that he is gay ...To the father, the son's declaration may implicate him in two ways: it may cast doubt on his own sexuality and damage his social standing in Lima." (30)

Lo que interesa en esta novela no es sólo el hecho de que se revela el deseo homosexual sino como el deseo homoerótico se estructura por su estado a la vez privado y abierto (Sedgwick Epistemology 22). Al respecto Marina Castañeda menciona que:

"Hay una diferencia muy grande entre asumir la orientación sexual en la esfera privada (con amigos y familia) y en el ámbito social (con vecinos y en el trabajo). En los países industrilizados no es raro encontrar a homosexuales cuyos vecinos y colegas conocen su orientación sexual mientras que sus familias todavía la ignoran...la vida privada (incluida la sexual) siempre tiene implicaciones públicas: lo íntimo no se puede desligar de lo social." (84)

Dentro del closet Joaquín vive y efectúa una promiscuidad homosexual; por ejemplo, sus encuentros homosexuales se producen en lugares aislados y ocultos. En este espacio cerrado, fuera de la mirada de la humanidad, este antihéroe mantiene las relaciones homoeroticas en la seguridad que le proporciona el closet, conservando así una relación secreta. Por lo tanto, Joaquín tiene que reprimir sus relaciones homosexuales ante el temor de perder su empleo en la televisora y para no escandalizar a la sociedad limeña. Esto se muestra claramente cuando Joaquín se relaciona sexualmente con un actor famoso de Lima.

"Joaquín lo había visto varias veces en una telenovela, y tenía muchas ganas de conocerlo: Gonzalo Guzmán se había convertido en el actor de moda en Lima...Una noche, después de muchas dudas, Joaquín se atrevió a llamarlo." (236)

Por lo tanto, el antihéroe posee un poder al estar dentro del closet porque en este espacio silenciado tiene la oportunidad de manejar o revelar la verdad, que el sistema dominante prefiere desconocer por depender de ella. Por ejemplo, en este caso él sabe la verdadera preferencia sexual del actor como de otros hombres que supuestamente pertenecen a la hegemonía patriarcal de Lima y este antihéroe tiene el poder de revelar la preferencia sexual de estas personalidades.

Es esencial que se conserve la apariencia de la heterosexualidad porque los parámetros sexuales latinoamericanos obligan a la bisexualidad como la única manera que tienen los homosexuales de entrar a una vida pública, dado que su comportamiento o vida homosexual debe quedar en secreto. Por consiguiente, el homosexual puede ser considerado como heterosexual si opta por respetar, las expectativas sociales de la masculinidad. Debe ocultar su inclinación sexual para poder mantener su condición de hombre. Por eso, depende del espacio que le brinda una discreción. Por ejemplo, en la relaciones que mantiene Joaquín con otros hombres se presentan dos conjuntos, el de las normas visibles de la heterosexualidad y el del margen invisible de la homosexualidad que en vez de excluirse como suele pasar, pactan tácitamente un acuerdo a través del cual el primero encubre llevando una vida heterosexual y trata de silenciar al antihéroe. Este encubrimiento se impone como condición, para que la relación homoerótica pueda darse en condiciones sociales bastante cómodas y sin provocar ningún conflicto. Por eso, el antihéroe se enamora en secreto de su amante masculino y sufre en silencio; pero llega un momento que Joaquín se siente que no puede ser silenciado y le comenta a la prometida de su amante la relación homosexual que sostiene con él, como vemos en el siguiente dialogo:

> "-Tienes que decirme con quien me saca la vuelta, Joaquín
> -Te ha sacado la vuelta más de una vez -dijo él.
> -Dime un nombre -dijo ella.
> -Por ejemplo, conmigo -dijo él, sin mirarla a los ojos.
> -¿Cómo que contigo? —Preguntó ella.
> -A Gonzalo le gustan los hombres, Rocío -dijo él- hablando lentamente, sintiéndose cruel -Gonzalo se acuesta con hombres hace años.
> -Mentira -grito ella-...
> -No es mentira, Roció -dijo él- Créeme, Gonzalo se ha acostado conmigo." (255)

Este antihéroe prefiere esta declaración que vivir en un secreto como lo hacen algunos de sus amigos en Lima. Ya que a pesar de la intolerancia hacia los homosexuales, desde una amplia mayoría en Latinoamérica; son muchas veces los homosexuales quienes admiten estos señalamientos. Puesto que, con frecuencia mienten y no aceptan su preferencia sexual, sino hasta que la situación se hace insostenible y ya no pueden vivir de las libertades que le otorga la sociedad a una persona heterosexual, lo que provoca al final una mayor confusión.

Las anécdotas, como los diálogos, captan de manara ejemplar la actitud irreverente del antihéroe a causa de la represión en la que vive. A pesar de que la necesidad social de Joaquín es cumplir con las normas socio-sexuales de su clase, también se revela y desafía las normas establecidas, principalmente las imposiciones de sus padres. David Foster señala que "aquí la homosexualidad (cuya explicación se basa en una naturaleza inmutable, la cual en su univocidad es una perversa reafirmación del orden patriarcal) se ve utilizada alternadamente como un repudio del machismo y como parte de un despliegue de comportamientos sociales inaceptados" (242).

Este antihéroe percibe que los prejuicios a la homosexualidad forman parte fundamental en pensamiento de sus amantes. Pércio de Castro menciona que Joaquín "parece cansarse del juego irónico que le impone la sociedad y hace de su propia homosexualidad el estandarte de su batalla" (52). Por ejemplo, Gilberto D' Escoubet Fernández explica que "ya desde el capítulo de "La fuga" se podrían dar las condiciones que de una forma u otra llevarían al personaje...a independizarse y cuestionar su identidad homoerótica" (89).

La batalla contra lo estatutos del patriarcado están claramente expuestos; Joaquín sabe que su conducta irreverente, y sus relaciones homosexuales constituyen un desafío a la autoridad de su padre. Por eso, este antihéroe se subleva y se enfrenta a su familia, revelando sus preferencias sexuales. Primero lo confiesa a su madre, como vemos en el siguiente dialogo:

> "-Mamá, quería decirte algo importante.
> -Dime, hijo...
> -Quería que sepas que soy homosexual, mami.
> -Ay, por Dios, no digas sonseras, Joaquín —dijo-. Tú siempre
> con tus bromas de mal gusto...-No, mi amor, que ocurrencia,
> a ti siempre te han gustado las chicas —dijo-. Lo que pasa

es que ahora estás pasando por un mal momento, estás
medio confundido
-No estoy confundido, mamá...Siempre desde que me
acuerdo, me han gustado los chicos." (116-117)

De igual manera, este antihéroe trata de rebelase contra su padre,
pero Luis Felipe, no le permite expresarse libremente, negándole el
efecto de la revelación. Como se demuestra en el siguiente dialogo:

> "-Papá, hay algo que hace tiempo quiero decirte -dijo
> Joaquín...
> -No me lo tienes que decir, hijo —dijo Luis Felipe- Ya lo sé.
> Lo supe desde que eras chico." (121-122)

En la novela se pueden notar varias negativas frente a la
revelación que señala Eve Kosofsky Sedgwick: la primera, es la duda
frente a revelación de la identidad homosexual. Por ejemplo, en la
novela se muestra como antes que acceder a admitir la identidad gay
del personaje, la madre habla con él para persuadirlo de terminar
con esa actitud que le parece incoherente. Así como vemos en la
siguiente reacción de la madre: "No,...a ti siempre te han gustado las
chicas -dijo- Lo que pasa es que estás medio confundido...por culpa
de esas malas influencias que tienes" (117). La segunda negativa es
cuando se refuta el efecto de la revelación, esto se muestra cuando
el padre en vez de aceptar la salida de ésta como tal, actúa como si
lo hubiera sabido desde siempre, controlando así esa revelación. Esto
lo vemos cuando el padre lo dice: "no me lo tienes que decir, hijo -dijo
Luis Felipe-. Ya lo sé. Lo supe desde que eras chico" (122). La tercera
negativa es el inicio de un nuevo secreto, a pesar de que lo relativo
a su homosexualidad está descubierto, Joaquín tendrá que volver a
esconderlo para protegerse. La cuarta negativa es el desequilibrio
de la otra sexualidad y la podemos entrever en la reacción de los
padres. Por ejemplo, el padre le sugiere al antihéroe de que se vaya
del país por el temor que le produce al conocerse que tiene un hijo
homosexual. Así que Luis Felipe le aconseja: "tienes que irte de Lima.
Tú estilo de vida va en contra nuestra moral. Contra la moral de las

familias decentes de Lima. Ándante lejos y vive como te dé la gana, pero no hagas sufrir más a tus padres" (122). Al respecto, Joseph M. Carrier señala que:

> "Los padres continúan guardando silencio aun si el hijo ya se ha atrevido a revelar abiertamente su homosexualidad o bisexualidad. Al ocurrir la aceptación, como parece ser el caso en la mayoría de las familias cuando se enteran del comportamiento homosexual de un hijo, el joven gay y su familia suelen enfrentar el problema con una conspiración de silencio. En contactos sociales con parientes y vecinos, a menudo la familia trata al joven homosexual como si fuera heterosexual." (230)

En este caso los padres protegen la imagen de su hijo y la de su familia, así que tanto Joaquín como sus padres permanecen en silencio. Así, de ese modo evitan el tratamiento directo de un tema tabú o incomodo para ellos como lo es la homosexualidad.

La salida del closet se basa en esa necesidad de revelarse. Según la propuesta de Eve Kosofsky Sedgwick: entre lo que se conoce o lo que se desconoce, lo explícito e implícito acerca de la definición homo/heterosexual tienen la capacidad de ser capaces de revelar discursos velados a la vez que ocultar otros. La novela presenta la salida del closet de un antihéroe que utiliza los elementos de la confesión para debilitar el poder impuesto por el discurso del orden patriarcal. Así, mediante la revelación de su preferencia sexual, el antihéroe puede encontrar su identidad.

Uno de los rasgos característicos en la novela es que muestra abiertamente las normas socioculturales y sexuales dominantes en las que se desarrolla la relación homoerótica para revelar impúdicamente no sólo el forzado sometimiento de los marginados, sino también las fobias y los estereotipos que el sistema dominante ha ido generando para rechazar lo socialmente degradado. Por ejemplo, como dice el titulo <u>No se lo digas a nadie</u> remite a la imposibilidad de decir públicamente su condición de homosexual y para esto se utiliza a un antihéroe como focalizador para revelar la vida y los temores de la clase alta. Por eso, la novela dejar ver como un antihéroe vive una homosexualidad atormentada y experimenta una falsa heterosexualidad para disfrazarse. De está manera, a través de los actos de Joaquín se revela como en la sociedad latinoamericana son comunes las relaciones homosexuales pero que generalmente se niegan y mas los que pertenecen a la hegemonía patriarcal. Al respecto, Foster señala que: "ser gay no es solamente una mala actitud con respecto a la hipocresía de Lima burguesa que tan prodigiosamente describe" (243).

El propósito fundamental de esta novela es cuestionar la permanecía de la doble vida del antihéroe y la de los demás personajes. Al revelarse las aventuras y los pensamientos de este antihéroe se proporciona un cambio que vuelve más visible la homosexualidad en la sociedad latinoamericana. Esto se logra al mostrar a Joaquín como hijo de una clase privilegiada y como un conductor de programas de entrevistas, que trata de conseguir una convulsión social a través de sus aventuras, al mostrar a la humanidad que algunas personas de sociedad como él son homosexuales. Por eso, la principal función de este antihéroe es desenmascarar la verdad tan cuidadosamente ocultada por el sistema social en el que reside, así este hecho va a proceder a la destabilización de las jerarquías sexuales en las que se basa dicho sistema, en el que todos mienten y se aprovechan.

La salida del closet se formula en el permiso que el antihéroe se da sí mismo en su preferencia sexual como algo natural y no como un acto aberrante. De esta manera la novela reivindica la condición homosexual, al salir del silencio, y por consecuencia, aceptando su identidad es como puede dar paso a una discusión para que cada persona, cualquiera que sea su preferencia sexual, sea aceptada, sin rechazo injustificado y con derechos iguales, en una sociedad en la que el marginado participa activamente.

Asimismo, la novela rompe con el estereotipo de lo que es y como es un homosexual, porque es una novela contestataria para reivindicar y desmitificar al homosexual. En este caso Joaquín que pertenece a una familia de buena posición económica y no tiene una conducta afeminada; sin embargo, se le observa en un rol sexual pasivo;

rol identificado como exclusivamente femenino en el imaginario dominante, por eso, esta conducta es una marca abyecta de trasgresión. Lo que revela la novela en el margen de todo estereotipo homofóbico, es que los roles sexuales en la pareja homoerótica no corresponden a una imitación de los roles genéricamente y muchas veces equivocadamente atribuidos a la pareja heterosexual ortodoxa sino que admiten un amplia gama de prácticas según el principio del intercambio. Por lo tanto, la subversión de determinados arquetípicos masculinos es un medio de enfrentarse a la opresión de las normas patriarcales dominantes.

Con las anécdotas evocadas a través del discurso, el antihéroe va asumiendo su preferencia sexual pese a la marginación y rechazo de la sociedad. Al final de la novela Joaquín llega a la conclusión de que la identidad, como el llevar una vida aparentemente heterosexual, no le pertenece. Gilberto D' Escoubet concluye que: "el proyecto de construcción de su identidad homoerótica resulta utópico al encontrarse en un camino sin salida y lo que es obvio, en su marco de referencia social que no le permite otra posibilidad" (93). Pércio de Castro menciona que "Joaquín parece buscar la verdad de su sexualidad y, al descubrirse definitivamente homosexual, lucha hasta el final por el derecho de ser quien es en la sociedad" (51). Por eso, se conscientiza través de las situaciones y se enfrenta con la incorporación de sus deseos homosexuales y con esa identidad que había negado.

Las anécdotas y los diálogos sirven para demostrar las dificultades de ajustar su identidad en la sociedad Peruana, si se queda en Lima deberá asumir una doble vida como los demás, cosa que considera denigrante, fatal e hipócrita. Gilberto D' Escoubet explica que "en el comportamiento del personaje Joaquín Camino no se da ningún tipo de enfrentamiento entre una mascara y su deseo homoerótico; él no ha utilizado este mecanismo, resuelve su problema...radicándose en otra ciudad ajena por completo" (86). Después de haber vivido las hipocresías de la sociedad, elige el camino de vivir su vida y enfrentar su identidad mudándose a Miami con la seguridad de que las revelaciones hechas dentro de los límites del closet, no lo condenarán a otro silencio. Por eso, al final, con una reflexión el antihéroe es capaz de salir del closet en el que se había encerrado a causa de la represión. Al respecto Pércio de Castro subraya que: "el soliloquio al final...sumariza todos los sentimientos de Joaquín como una posible voz que representa a muchos otros homosexuales que son rechazados por su familia a causa de su orientación sexual" (52). Esto lo vemos en el siguiente monologo de Joaquín:

> "Lloraba porque tenía ganas de decirle a su madre: "tienes que entender que soy homosexual, mamá, siempre fui homosexual, probablemente cuando estaba en tu barriga ya me estaba haciendo homosexual, pero no por eso soy una mala persona...si sólo pudieras entender que no soy maricón para fregarte...que soy homosexual porque ésa es mi naturaleza y porque yo no la puedo cambiar...no veas mi homosexualidad como un castigo de Dios." (357)

El haber dejado el silencio personal, ha completado la salida del closet ante sí mismo. Foster señala que: "el ser gay nunca es nada más que una representación emblemática, nunca es otra más que una dimensión de ser un disidente social -ni aún en Miami, donde existe algo como una cultura gay- y nunca las relaciones de Joaquín significan más que una postura negativa, una mala actitud respecto al patriarcado" (Producción 243). Aunque sus padres y la sociedad de Latinoamérica no lo aceptan, él se acepta como es y logra encontrar su identidad a través de sus anécdotas y diálogos con las personas que le rodean.

En conclusión, No se lo digas a nadie, se vislumbra en una sociedad latinoamericana caracterizada por la intolerancia y la confusión de prejuicios. En este caso la novela pone en evidencia la persistente hipocresía de la sociedad, teniendo en cuenta que el papel del antihéroe es el poseer una figura irreverente y rebelde; utilizando sus anécdotas para desacreditar a la hegemonía patriarcal. Por ejemplo, la novela muestra a través de este antihéroe, como tiene que confrontarse a una serie de imposiciones y obstáculos creados por la sociedad para encontrar su identidad y orientar su vida, aunque a veces parezca difícil lograrlo. Al tiempo que el antihéroe va descubriendo los aspectos de la sociedad y de su familia, irá descubriendo los espacios y deseos que forman parte de su vida invisible. Por eso, tiene un constante cuestionamiento para construir su identidad basada en los componentes impuestos por el patriarcado de la sociedad latinoamericana. En este estudio fue importante analizar la existencia del antihéroe desde la infancia para demostrar que la identidad se va construyendo poco a poco.

En la novela se recrea el conflicto del antihéroe con su padre, que se convierten en una experiencia castradora para Joaquín y como consecuencia lo convierten en un hijo confundido respecto a su identidad. Joaquín, por su posición social debe encarnar la masculinidad hegemónica como la de su padre, sin tener derecho a elegir. Por eso, se rebela ante los modelos patriarcales porque no quiere ser machista y autoritario como el padre.

La novela representa el enfrentamiento entre la represión y la libertad, la soledad y la presencia. Después de todo, la política, la religión y la cuestión social juegan un papel importante en la novela y se muestra que el modelo de identidad sexual dominante en las sociedades latinoamericanas sigue siendo el heterosexual. La novela expone claramente la imposición de una bisexualidad como condición de entrada en la vida social; señalando al matrimonio heterosexual como una solución para no ser marginado y rechazado. Este antihéroe descubre como transgredir y cumplir con las expectativas sociales como es su performance como heterosexual. Por ejemplo, aprende como realizar su conducta no normativa sin recibir las consecuencias sociales. Por eso, desde el inicio de la narración se observa la inquietud del antihéroe sobre su preferencia homosexual y su preocupación por la búsqueda de su identidad. Planteando el problema social de que para ser homosexual, debe hacerlo de forma anónima. El antihéroe obligado a someterse a la entrada en el closet, encuentra en este espacio invisible, la opción de encontrar una identidad que está reprimida en su exterior pero que sí puede evolucionar en el interior; sin embargo, Joaquín no quiere desarrollar esa identidad en el closet para no ser hipócrita. Por otro lado, se muestra el poder que posee el antihéroe al estar dentro del closet porque desde este lugar silencioso y seguro tiene la oportunidad de revelar la información que el sistema dominante prefiere ignorar por depender de ella. Hace evidente que a pesar de encontrase en un espacio invisible para algunos, el homosexual convive con el orden simbólico heterosexual a través de un ritual donde la verdad se autentifica gracias a las resistencias que ha logrado vencer para exponerse. El antihéroe se cansa del juego irónico que le impone la sociedad; revela la existencia de una doble relación de poder; hace evidente la hipocresía y el control impuesto desde el sistema heterosexual, que le exige esconderse en el closet. Hay que tener presente que en todo momento Joaquín tiene una lucha interior por mostrarse como es y a la vez no separarse de la norma dominante y esta lucha interior le brinda fuerza para encontrar su identidad.

Por lo tanto, con la representación del antihéroe como es en este caso Joaquín se muestran abiertamente las normas socioculturales y sexuales dominantes en las que el personaje va asumiendo su preferencia sexual pese a la marginación, rechazo de la sociedad e imposición de una identidad no accedida por la hegemonía patriarcal. Al fin y al cabo con la revelación de las aventuras y los pensamientos de este antihéroe proporcionan un cambio que vuelven visible la homosexualidad en la sociedad latinoamericana.

Conclusión

Estas cuatros novelas que presentan a un antihéroe, El gladiador de Chueca, de Carlos Sanrune, Fácil, de Luis Antonio de Villena, El vampiro de la colonia Roma, de Luis Zapata y No se lo digas a nadie de Jaime Bayly proporcionan suficientes evidencias de las múltiples capas de interpretación que acompañan a la formación de identidades contemporáneas. Estos textos brindan una opción más en la literatura debido a que ilustran las sinuosidades de los estilos de la vida homosexual contemporánea tanto en España como en Latinoamérica. Asimismo, estas obras representan el estado en que los antihéroes deben expresar algunas expectativas culturales para ejercer lo que consideran identidades modernas. El impacto y éxito de estas novelas fue debido a que las aventuras del personaje no provienen de lugares distantes sino del interior de la sociedad. El antihéroe se desenvuelve en un tiempo donde los valores y los prejuicios se basan en el lugar y la época en que vive. Asimismo, se sugiere que la formación de esas identidades está entrelazada con las necesidades sexuales y problemas sociales y económicos de los individuos. El personaje principal se representa como un ser marginado que es víctima de sus propios desatinos y de su mundo. Sus acciones o errores se desarrollan en lo cotidiano sumándose a una serie de carencias o necesidades ya sea morales, económicas, de educación, o de independencia. Se considera que es un antihéroe debido a su falta de virtud, porque la adversidad le llega a causa de un error, como resultado, escoge una identidad no aprobada. En este caso, no pretende con sus acciones un reordenamiento del sistema más justo, sino que vive dentro del sistema sin someterse, solamente tratando de sobrevivir. Esto lo lleva a vincularse a un sistema que se identifica con valores no aceptados en la sociedad. Se presentan las necesidades y conflictos elementales cotidianos del hombre. Además, los personajes de estos textos tienen dificultades para lograr su madurez, ya sea adaptándose a la sociedad, o teniendo una carencia económica para remediar una necesidad inmediata, resultando un protagonista aislado e insubordinado. La dificultad en adaptarse a la sociedad provoca una lucha de supervivencia que se concreta en sus acciones para sobrepasar sus dificultades y alcanzar lo que desea.

A través de sus diversas experiencias como la prostitución, logra sobrevivir haciendo sarcasmos de sí mismo ante sus desaventuras. Así, de esta manera se propone un sabor dramático y humorístico al mismo tiempo. Por lo tanto, el antihéroe está creado por sus acciones, convirtiéndose en un personaje anecdótico, que naufraga en su lucha contra el mundo, afrontando situaciones desfavorables. Sus acciones le sirven para representarse por medio de sus errores y experiencias que presentan una realidad adversa. Sí el antihéroe se degrada a través de sus aventuras, es también para humillar y presentar las lacras sociales, políticas y humanas de la hegemonía. Su narración sólo quiere revelar los problemas que enfrenta como son la discriminación, la falta de oportunidades, las injusticias y el estilo de vida que lleva en la prostitución. Por eso, justifica sus acciones y su falta de confianza en las reglas socialmente aceptadas; insistiendo en la necesidad de un cambio social, especialmente en la interpretación de identidades especificas.

Estos antihéroes tienen en común que no se arrepienten, no rechazan su pasado y lo defienden. Por ejemplo, cada uno de estos personajes acepta su vida como confesión o como relato ejemplar, acentuando sus experiencias sin vergüenza. Sólo el personaje de Joaquín es el que se preocupa por las cuestiones morales y religiosas de sus padres. Los otros antihéroes no se indignan moralmente ni se preocupan por las cuestiones sociales ni religiosas.

Se representa a un antihéroe por ser un personaje complejo que resulta atractivo para el lector como para el crítico. Por eso, son personajes que son vistos con una gran humanidad y comprensión, y como resultado manifiestan gran simpatía hacia los lectores. Ese agrado que el antihéroe muestra contagia al lector, aún pese a sus constantes errores.

También, en estas novelas se muestra al protagonista como un joven atractivo físicamente. Asimismo, hay que tener en cuenta que al inicio de las novelas cuando son niños se presentan como inocentes, pero no pueden resistir la fuerza de la sociedad corrupta, intransigente, e inmoral en la que viven; convirtiéndose de esta manera en antihéroes degradados. De cierta forma el lector se complace de la capacidad imaginativa de cada personaje, de su irreverencia o su astucia para sobrevivir. Siendo así que en estos textos se desea lograr un respeto hacia el homosexual, como al prostituto, hasta podría decirse que una cierta tolerancia.

Para ello, se utiliza un lenguaje cuyo vocabulario es popular, coloquial y en algunas ocasiones vulgar que se convierte en sensacionalista

Esto le otorga valor a la narración y al personaje que en conjunto con la anécdota del texto y la voz narrativa, maneja la tradición oral, voz que generalmente no se asocia con el discurso hegemónico. La novela utiliza la oralidad para darle voz y autenticidad al marginado y así representar un grupo social degradado. Además, esta forma de expresarse le brinda al personaje una equiparación lo más real posible entre personaje literario y ser humano. Como por ejemplo, a través de la voz narrativa expone el origen, la ideología y las expresiones humanas del antihéroe.

Con esto, se trasmite un discurso en el que se representa a un personaje con una historia frívola y al mismo tiempo brinda una discusión acerca del tema de la homosexualidad. En todo momento su actitud y su representación son anti-heroicas porque pone en duda los ideales aceptados por los convencionalismos sociales. Dada su condición de antihéroe, transgrede con sus acciones las normas sociales y su confesión cuestiona en público las actitudes sociales sobre la homosexualidad, la bisexualidad y la prostitución para así reclamar respeto y sus derechos como ciudadano. La narración se convierte así en un discurso que se impone a las instituciones, a los valores de la sociedad y a la hegemonía. Por ejemplo, a través del discurso se busca que el marginado se afirme como persona y establezca relaciones más similares con la hegemonía heterosexual. Por ejemplo, estas narraciones son presentadas como realidades sociales, que marcan una evolución al cambiar la actitud hacia la homosexualidad y a la prostitución para mostrar más comprensión hacia las acciones del antihéroe. También, las narraciones revelan las apariencias de la sociedad al mostrar una visión anti-idelista cuando describe la realidad como es y no como debe de ser. Por este motivo, se utiliza un discurso para revelar la verdad de su situación marginal, justificar sus acciones con el propósito de romper con el estereotipo del homosexual y reivindicarlo. Estos antihéroes denuncian los abusos o las injusticias de las instituciones, las pretensiones de los estamentos sociales. En cada texto se da un discurso diferente, por ejemplo, son diferentes maneras de culpar a la hegemonía o como la sociedad culpa al antihéroe. Por lo tanto, con este discurso se descubre que persisten los problemas para representarse como homosexual y, a su vez, manifestarse como uno de ellos. Asimismo, el discurso forma un "performance" de su identidad como hombre y una justificación de su estilo de vida. Este discurso se asocia con su ideología con la cual pretende transmitir un cambio a lo establecido. Esto le proporciona al discurso fuerzas para transgredir la ley y crear un elemento de resistencia sociocultural. En consecuencia, el discurso es el efecto que trata de romper con la norma que opera sobre lo heterosexual, como por ejemplo, el brindarle más comprensión, tolerancia y respeto. Así, de este modo el discurso junto a la tradición oral proporcionan una mayor reflexión en el lector, al sentirse apegado e identificado con el mismo.

En cuanto al análisis del antihéroe sobre su género, resulta importante conocer su interpretación de sí mismo y de los demás en términos de personalidad y comportamientos sexuales. También, sirve para conocer el entorno sexual que prevalece oculto en la sociedad latinoamericana y española. Las interpretaciones e ideas del antihéroe son representativas de las percepciones sociales que están revelándose en la actualidad, porque presentan las formas de la sexualidad en el espacio urbano. Por lo tanto, se representa a un antihéroe porque es más factible que analice y reflexione sobre las cuestiones sexuales como lo es la homosexualidad o la prostitución y para definir su posición frente a ellas; como se muestra a algunos antihéroes que las aceptan, las esconden o las ven como otra forma de vida.

Los antihéroes que pertenecen a una clase baja o media baja como los son el gladiador, Rui y Adonis aceptan más abiertamente su identidad, como su profesión debido a que no tienen una imagen que proteger o algo que perder. Por ejemplo, no tienen contacto con su familia o la perdieron y por eso no les preocupa los prejuicios de los demás porque no afectaría a nadie mas; por eso, expresan abiertamente su identidad y su sexualidad. Sin embargo, también se demuestra el deseo del antihéroe de no marginarse a causa de sus preferencias sexuales. Como es el caso de Joaquín de la novela No se lo digas a nadie que evita las consecuencias de la revelación en público sobre su orientación sexual, porque podría amenazar su condición social. En consecuencia, lleva una doble vida para ajustarse a las expectativas sociales sobre su conducta y por lo tanto, no se le margina a menos que revele su homosexualidad.

Es evidente que, el denominador común de los textos analizados es su nivel de aplicación en la definición de su identidad y el grado en que cada uno de los antihéroes había afrontado el tema de su identidad sexual, así como la relación de esto con sus propias vivencias y deseos sexuales. Con la representación del personaje se reflexiona sobre el tema de la identidad sexual y la elección de su presencia. La interpretación de cada uno en estas historias apunta a la capacidad analítica de las personas, así como el resultado de su propia identidad sexual.

Al representar al antihéroe en el texto se demuestra que no todos lo homosexuales son iguales y que poseen diferencias. Es importante observar como su capacidad para articular sus argumentos tuvo que ver con el nivel de estudios y su medio social. Por ejemplo, vemos que los personajes de Rui y Adonis pertenecen a la clase social baja, el gladiador a una clase media y Jaime a una media-alta. Su situación económica como social los afrenta a diferentes aventuras. Por lo que dentro de su situación social los antihéroes no están forzados a realizar un rol determinado de manera permanente, rompiendo con los esquemas de una sociedad heterosexual, en las relaciones sexuales que depende de su estado económico-social. Por eso, la narración sobre la vida del antihéroe cuestiona los valores establecidos sobre la sexualidad y como éstos actúan para sobrevivir en el entorno que les reprime.

Su identidad de antihéroe que es el producto de su preferencia sexual o su comportamiento no aceptado, lo convierte en representante de la masculinidad subordinada al modelo hegemónico. Por ejemplo, se cuenta el desarrollo de su masculinidad subversiva a través de actos repetitivos que dependen de condiciones sociales. Por eso, se representa su vida desde la infancia para demostrar que la identidad se va construyendo poco a poco, a través de sus actos repetitivos. El modelo de masculinidad es una máscara o un "performance" que el personaje representa para sobrevivir o disfrutar de los privilegios que le brinda la actuada masculinidad. En las novelas se demuestra como el personaje se enmascara siguiendo la norma, con un comportamiento heterosexual como una pantalla creada en respuesta a la presión de la sociedad y para su conveniencia.

El antihéroe en estas narraciones se representa como homosexual o bisexual y describe su identidad, y su profesión de prostituto con respeto y como otra opción de vida y de trabajo. Estos personajes tienen un interés explicito en el sexo y la prostitución como medio de desarrollo personal, social y de obtención de placer. Por ejemplo, se muestran preocupados por encontrar estrategias que les permitan realizar sus preferencias sexuales. Aboga por el derecho de la libertad del individuo, presentando la justificación de su conducta y de su profesión con el fin principal de no ser juzgado. Se justifica de sus acciones a consecuencia de sus necesidades, errores, injusticias o un evento desafortunado. Generalmente, exhibe sus actos transgresivos y expresa que disfruta del sufrimiento, tomando ventaja de su posición sumisa y marginal, por eso, estos personajes no ocultan ninguna experiencia durante su discurso.

Después de todo, el sufrimiento y la sumisión se convierten así en una necesidad para su supervivencia y para su satisfacción, porque el antihéroe degradado cumple con su objetivo de prevalecer en la sociedad que lo reprime. El satisfacer su placer reside en la humillación y la sumisión de su persona, señalando así que es bueno someterse para invertir los sistemas que nos organizan, para escapar a los regímenes de normalidad social y sexual.

Con esto en mente, el antihéroe utiliza sus aventuras para desacreditar a la hegemonía patriarcal. Narra sus confrontaciones, como lo son una serie de imposiciones y obstáculos creados por la sociedad; que se manifiestan en su familia y los amigos, para encontrar su identidad. Se muestra abiertamente ante las normas socioculturales y sexuales dominantes en las que asume su preferencia sexual pese a la marginación y rechazo de la sociedad. Por eso, siempre reflexiona sobre su identidad basada en los componentes impuestos por el patriarcado. Es un rebelde social que no se conforma con el orden social, pero que tampoco logra cambiar el orden del sistema ni establecer una ruptura.

En definitiva, estos personajes son antihéroes de la literatura contemporánea en Hispanoamérica porque generan una identidad homosexual y de un prostituto que implica un cambio en los roles tradicionales que les fueron asignados. Por eso, los temas de la homosexualidad y la prostitución son de suma importancia en el desarrollo de estos personajes porque se colocan como parte psicológica de las acciones del protagonista. La misma representa el enfrentamiento entre la represión y la libertad, la soledad y la presencia, así como la política, la religión y la cuestión social juegan un papel importante en la novela. En consecuencia, también se plantea el problema social que para ser homosexual debe hacerse de forma anónima, en donde su discurso ha sido reprimido por su entorno.

El antihéroe, obligado a someterse en el closet encuentra en este espacio, la opción de desarrollar su identidad que está reprimida en su exterior, pero que sí puede evolucionar en su interior. El lugar donde desarrolla sus actividades desempeña un papel importante al trasmitir información sobre la sexualidad. Por eso, el espacio es importante para que pueda representar su "performance" y obtener una identidad, resistencia y un sentido de pertenencia. Por otro lado, se muestra el poder que posee al estar dentro del closet porque desde ese lugar silenciado y seguro tiene la oportunidad de revelar la información que el sistema dominante prefiere ignorar. Se hace evidente la hipocresía y el control impuesto desde el sistema heterosexual, que lo obliga a esconderse en el closet o actuar de una forma heterosexual establecida.

En el desenlace de todas estas aventuras, el antihéroe no logra llegar a ningún lado, e incluso no recibe la redención. Sin embargo, el protagonista se convierte en rebelde social que no se conforma con el orden social y a la vez, no puede establecer una ruptura en el sistema. En resumidas cuentas, al final el personaje se caracteriza en todos los sentidos como antihéroe porque no consigue su libertad, ni la aceptación social que ha venido buscando desde el inicio de la novela. Después de todo, el antihéroe continúa en la misma situación adversa y de decadencia a causa de no tener muchas opciones y oportunidades en la sociedad. Estas narraciones reflejan la ideología contemporánea sobre la homosexualidad y la prostitución. Por lo tanto, esta representación de cada antihéroe revela las injusticias y castigos de la hegemonía con el fin de restablecer un equilibrio en la sociedad.

𝒩otas

[1]   El tema homosexual es una cuestión reciente en términos históricos, propio de las sociedades contemporáneas. Esto es debido a que ser homosexual en los siglos XX y XXI lo sitúa en una posición privilegiada con respecto a sus antecesores, porque ahora se encuentra en un mundo donde tanto el hombre, la mujer y los homosexuales luchan por minimizar la diferenciación por sexo conocida como rol de género. Es un extraordinario paso adelante en el campo de la cultura de la libertad que muestra, de manera espectacular, cuánto se ha modernizado esta sociedad donde, recordemos, las narraciones queer no tenían cabida, ni aceptación en la literatura.

[2]   En el libro The Hero of the Thousand Faces, Joseph Campbell estudia el proceso de la aventura del héroe. El héroe de las mil caras de Joseph Campbell, consiste en señalar las significativas coincidencias observadas entre el simbolismo de los sueños y ciertos elementos característicos de los mitos. El autor efectúa una exposición ordenada de dichos elementos, que ilustra mediante profusas referencias a las mitologías de los grupos culturales más diversos. La partida, la iniciación, la apoteosis y el regreso son componentes esenciales de la aventura del héroe y se identifican una y otra vez en leyendas, tradiciones y rituales de todos los pueblos del mundo: en los mitos polinesios o griegos, en las leyendas africanas, en las tradiciones de los aborígenes norteamericanos, en los cuentos de hadas y aun en ciertos símbolos de las grandes religiones actuales. Campbell indica la posibilidad de que estos

sistemas simbólicos representen creaciones naturales de la mente humana -de ahí su difusión- y señala que la situación perturbada de la sociedad occidental en los últimos tiempos bien pudiera deberse al descrédito progresivo en que han caído las mitologías y a la racionalización sufrida por ellas, con lo cual las imágenes simbólicas se refugian en su lugar de origen --el inconsciente-- y el individuo aislado ha de enfrentarse a los dilemas que en un tiempo resolvían satisfactoriamente los sistemas mitológicos colectivos (Wikipedia N.pág.).

3   Novela picaresca, extensa obra de ficción, por lo general de carácter satírico, cuyo personaje principal es un individuo cínico y amoral. La novela picaresca narra una serie de incidentes o episodios de la vida del protagonista que se presentan en orden cronológico sin entremezclarse en una trama sólida. El género se originó en España a mediados del siglo XVI y tomó su nombre de la figura del pícaro. El primer ejemplo de novela picaresca español es el Lazarillo de Tormes, de autor desconocido, la autobiografía de un pillo que sirve a diversos amos aprovechándose invariablemente de ellos...En América Latina la obra que inicia el género novelesco es, precisamente, El Periquillo Sarniento, de José Joaquín Fernández de Lizardi, reflejo de la novela picaresca española. La novela picaresca es uno de los géneros más representativos, genuinos y populares de la literatura española y posteriormente derivó hacia la novela de aventuras o cuadros de costumbres. Utiliza el esquema tradicional de los libros o novelas de caballería, pero lo hace con una voluntad claramente desmitificadora, a partir de la crítica a la sociedad de la época. La estructura es un relato en primera persona de episodios o la vida del autor que vienen a justificar su situación final poco afortunada. Sin embargo, la novela picaresca no constituye un género claramente diferenciado, pues el propósito de sus autores es siempre distinto. Entre las principales obras del género cabe mencionar el Guzmán de Alfarache (1599), de Mateo Alemán, o la Historia del buscón llamado don Pablos (1626), de Francisco de Quevedo, donde la estructura autobiográfica cede en importancia

ante la brillantez del lenguaje. Otros títulos y continuaciones de las obras maestras ya citadas son: La pícara Justina (1605), de Francisco López de Úbeda, La hija de la Celestina (1612), de Alonso Jerónimo de Salas. (Novela picaresca N.pág)

4   Las características de la novela picaresca son las siguientes:

A. El protagonista es un pícaro, de muy bajo rango social o estamento y descendiente de padres sin honra o abiertamente marginados o delincuentes. Perfilándose como un antihéroe, el pícaro resulta un contrapunto al ideal caballeresco. Su aspiración es mejorar de condición social, pero para ello recurre a su astucia y a procedimientos ilegítimos como el engaño y la estafa. Vive al margen de los códigos de honra propios de las clases altas de la sociedad de su época y su libertad es su gran bien, pero también tiene frecuente mala conciencia.

B. Estructura de falsa autobiografía. La novela picaresca está narrada en primera persona como si el protagonista narrara sus propias aventuras, empezando por su genealogía, antagónica a lo que se supone es la estirpe de un caballero. El pícaro aparece en la novela desde una doble perspectiva: como autor y como actor. Como autor se sitúa en un tiempo presente que mira hacia su pasado y narra una acción, cuyo desenlace conoce de antemano.

C. Determinismo: aunque el pícaro intenta mejorar de condición social, fracasa siempre y siempre será un pícaro. Por eso la estructura de la novela picaresca es siempre abierta. Las aventuras que se narran podrían continuarse indefinidamente, porque no hay evolución posible que cambie la historia.

D. Ideología moralizante y pesimista. Cada novela picaresca vendría a ser un gran «ejemplo» de conducta aberrante que, sistemáticamente, resulta castigada. La picaresca está muy influida por la retórica sacra de la época, basada en muchos casos, en la predicación de «ejemplos», en los que se narra la conducta descarriada de un individuo que, finalmente, es castigado o se arrepiente.

E. Intención satírica y estructura itinerante. La sociedad es criticada en todas sus capas, a través de las cuales deambula el protagonista en una estructura itinerante en la que se pone al servicio cada vez de un elemento representativo de cada una. De ese modo el pícaro asiste como espectador privilegiado a la hipocresía que representa cada uno de sus poderosos dueños, a los que critica desde su condición de desheredado porque no dan ejemplo de lo que deben ser.

F. Realismo, incluso naturalismo al describir algunos de los aspectos más desagradables de la realidad, que nunca se presentará como idealizada sino como burla o desengaño. (Novela picaresca N pág.).

5   A story or novel of education. Also known as a "coming-of-age story. A type of novel where the protagonist is initiated into adulthood through knowledge, experience, or both, often by a process of disillusionment. Understanding comes after the dropping of preconceptions, a destruction of a false sense of security, or in some way the loss of innocence." (bildüngsroman N.pág.).

6   "La oralidad es una forma comunicativa que va desde el grito de un recién nacido hasta el diálogo generado entre amigos. Existen dos clases de oralidad: la oralidad primaria, que se refiere a las culturas que sólo la poseen a ella para comunicarse y que permite una activación de la memoria. Las culturas orales tienen un conjunto de conocimientos, hábitos, tradiciones, representaciones, simbolismos y significaciones que permiten descubrirlas. La oralidad secundaria es la que manejan culturas avanzadas que poseen escritura. Ésta se ha convertido en soporte de la memoria." (Oralidad N.pág)

7   Walter Ong menciona que los pueblos orales tienen formas de recordar acontecimientos y reproducirlos. Para que la historia de las comunidades que no posen escritura no se pierda. Esto se puede mantener mediante el recordar eventos memorables y asociarlos con otros sucesos.

8   El camino del héroe o el viaje del héroe es un patrón que se ha encontrado en las historias y leyendas populares. Según Joseph

Campbell, el héroe suele pasar a través de ciclos o aventuras similares en todas las culturas.

1. "Mundo ordinario - El mundo normal del héroe antes de que la historia comience.

2. El llamado de la aventura - Al héroe se le presenta un problema, desafío o aventura.

3. Reticencia del héroe o rechazo del llamado - El héroe rechaza el desafío o aventura, principalmente por miedo al cambio.

4. Encuentro con el mentor o ayuda sobrenatural - El héroe encuentra un mentor que lo hace aceptar el llamado y lo informa y entrena para su aventura o desafío.

5. Cruce del primer umbral - El héroe abandona el mundo ordinario para entrar en el mundo especial o mágico.

6. Pruebas, aliados y enemigos - El héroe enfrenta pruebas, encuentra aliados y confronta enemigos, de forma que aprende las reglas del mundo especial.

7. Acercamiento - El héroe tiene éxitos durante las pruebas

8. Prueba difícil o traumática - La crisis más grande de la aventura, de vida o muerte.

9. Recompensa - El héroe ha enfrentado a la muerte, se sobrepone a su miedo y ahora gana una recompensa.

10. El camino de vuelta - El héroe debe volver al mundo ordinario.

11. Resurrección del héroe - Otra prueba donde el héroe enfrenta la muerte, y debe usar todo lo aprendido.

12. Regreso con el elíxir - El héroe regresa a casa con el elíxir, y lo usa para ayudar a todos en el mundo ordinario." (Campbell, Joseph N.pág.).

[9] La estructura mítica de la aventura del héroe según Juan Villegas (83-135).

I. "La vida que se abandona
    a) El mitema del llamado
    b) El maestrio o el despertador
    c) El viaje
    d) El cruce del umbral

II. La iniciación en sí o la adquisición de experiencias
   a) El viaje
   b) El encuentro
   c) La experiencia de la noche
   d) La caída o el descenso a los infiernos
   e) Los laberintos
   f) El morir-renacer
   g) La huida y la persecución
III. La vida del iniciado triunfo y fracaso del héroe
   a) El regreso
   b) La huída mágica
   c) La negativa al regreso
   d) El cruce del umbral del regreso
   e) La posesión de los dos mundos"

[10] "La prostitución consiste en la venta de servicios sexuales a cambio de dinero u otro tipo de retribución. Una persona que ejerce la prostitución recibe el nombre de prostituta o prostituto. Para el caso que esa persona sea mujer también se usa mujer de compañía o coloquialmente puta, palabra que conlleva una fuerte connotación despectiva. La versión masculina, puto u hombre de compañía equivale de forma más formal a la palabra gigoló pero se usa más comúnmente en Europa, pues puto se usa en varios países de iberoamérica de forma homófoba para referirse a cualquier homosexual, no necesariamente a quien presta sus servicios a cambio de dinero.

La prostitución es uno de los trabajos y fenómenos sociales que da respuesta al deseo sexual del ser humano, y, en muchos casos, también a la necesidad de afecto y comprensión, buscando un alivio a la soledad y a la incomunicación, principalmente en las grandes ciudades."(Prostitución N.pág.)

[11] Según Katherine Bliss menciona que desde "a principios de los años veinte, la policía reportaba que la Plaza Mayor era frecuentada por traficantes de droga, afeminados y *sodomitas*, quienes competían con las mujeres por la clientela masculina" (90).

[12] James Green en su libro <u>Beyond Carnival</u> trata el tema de la prostitución masculina acercándose a los temas de la violencia en la calles y como los prostitutos también tienen que lidiar con las restricciones de su familia y de la iglesia. Asimismo describe como los jóvenes tienen que formar subculturas para ayudar a sus grupos de amigos para mantener sus relaciones románticas y sexuales. Para James Green también es de suma importancia los espacios urbanos donde ellos pueden encontrarse.

[13] Según Néstor Perlongher "la tendencia de los adolescentes a enredarse en pasiones homoeróticas se integra en la mejor tradición occidental: la relación entre un efebo y un amante adulto constituía el prototipo de amor entre los griegos. No necesariamente, empero, ha estado recubierta de onerosas excusas" (N pág.),

Obras Citadas

Aliaga, Juan Vicente y José Cortés. Identidad y diferencia: sobre la cultura gay en España. Barcelona: Egales, 1997.

Almaguer, Tomás. "Chicano Men: A Cartography of Homosexual Identity and Behavior," Differences 3:2 (1991): 75-100.

"Antihéroe." Diccionario de la lengua española. 2001. Real Academia Española. 8 junio, 2006 <http://rae.es>

Aristóteles. Poética. México, D.F.: Editores mexicanos unidos, 2002.

Badinter, Elisabeth. La identidad masculina. Madrid: Alianza,1993.

Ballester Arnal, Rafael. Prostitución masculina: estudio psicosocial en nuestro contexto. Valencia: Promolibro, 1996.

Bayly, Jaime. No se lo digas a nadie. Barcelona: Seix Barral, 1994.

Bersani, Leo. Homos. Buenos Aires: Manantial, 1998.

"Bildungroman." Literary Terms: A Dictionary. Ed. Karl Beckson y Arthur Ganz. 3rd ed. New York: Farrar, 1989. 35.

Bliss, Katherine. Compromised Positions. Prostitution, Public Health, and Gender Politics in Revolutionary Mexico City. University Park: Pennsylvania State University Press, 2001.

Bowra, The Greek Experience. New York: Praeger, 1957.

Butler, Judith. Cuerpos que importan: sobre los límites materiales y discursivos del sexo. Buenos Aires: Paidós, 2002.

---. Gender Trouble. Feminism and the Subversion of Identity. New York: Routledge, 1990.

---. Sexualidades Transgresoras. Una antología de estudios queer. Barcelona: Editorial Icaria, 2002.

Buxán Bran, Xosé M. Conciencia de un singular deseo: estudios lesbianos y gays en el estado español. Barcelona: Laertes,1997.

Campbell, Joseph. El héroe de las mil caras psicoanálisis del mito. México, D.F.: Fondo de cultura económica, 1959.

"Campbell, Joseph." Wikipedia. 2001. Wikipedia La enciclopedia libre. 23 enero, 2008 < http://es.wikipedia.org/wiki/Joseph_campbell>

Carrier, Joseph. "Gay Liberation and Coming Out in Mexico." Journal of Homosexuality. 17.2 (1989): 225-252.

Castañeda, Marina. La experiencia homosexual: para comprender la homosexualidad desde dentro y desde fuera. Buenos Aires: Paidos, 1999.

Castells, Manuel. The Power of Identity. Oxford: Blackwell, 1997.

Chauncey, George. Gay New Cork: Gender, Urban Culture, and the Making of the Gay Male World. New York: Basic Books, 1994.

Connell, R.W. Masculinities. Berkeley: U of California P, 1995.

Córdoba García, David. "Teoría Queer: Reflexiones sobre sexo, sexualidad e identidad. Hacia una politización de la sexualidad." Teoría Queer. Políticas Bolleras, Maricas, Trans, Mestizas. David Córdoba García, Javier Sáez y Paco Vidarte. Barcelona: Egales, 2005.

Cortés, José Miguel G. y Juan Vicente Aliaga. Identidad y diferencia sobre la cultura gay en España. Barcelona: Gay y Lesbiana, 1997.

Covarrubias, Alicia. "El vampiro de la Colonia Roma, de Luis Zapata: la nueva picaresca y el reportaje ficticio." Revista de Crítica Literaria Latinoamericana 39 (1994): 183-197.

De Castro, Pércio. "Gritemos a plenos pulmones y contémoselo a todos: revelando secretos en No se lo digas a nadie de Jaime Bayly y Francisco Lomardi." Cine-Lit 2000: Essays on Hispanic Film and Fiction. Corvallis, OR: Oregon State U, 2000. 48-49.

D' Escoubet Fernández, Gilberto. Lectura de una construcción identitaria en No se lo digas a nadie de J. Bayly. Montréal: Université du Montreal, 1998.

De Laurentis, Teresa. Diferencias: etapas de un camino a través del feminismo. Trans. María Echaniz Sans. Madrid: Horas y Horas, 2000.

Eagleton, Terry. Sweet Violence: The Idea of the Tragic. Oxford: Blackwell, 2003.

Eribon, Didier. Reflexiones sobre la cuestión gay. Barcelona: Anagrama, 2001.

Foster, David William. Producción cultural e identidades homoeróticas: teoría y aplicaciones. San José: U de Costa Rica, 2000.

---. Latin American Writers on Gay and Lesbian Themes. Londres: Greenwood.1994.

Foucault, Michael. Historia de la sexualidad: La voluntad del saber. México, D.F.: Siglo XXI,1977.

Freud, Sigmund. Tres ensayos sobre teoría sexual y otros escritos. Madrid: Alianza, 2000.

Fuentes, Pablo, Paco Alcaide y Juan Vicente Aliaga. En clave gay. Barcelona:

Egales, 2001.

Fuller, Norma. "Adolescencia y riesgo: reflexiones desde la antropología y los estudios de género." Varones adolescentes: géneros, identidad y sexo en América. Chile, Santiago: FNUAP, 2003.

---. "Work and Masculinity among Peruvian Urban Men." European Journal of Development Research 12:2 (2000): 94-114.

Fuss, Diane. Inside/out. Lesbian Theories, Gay Theories. New York: Routledge, 1991.

Hegel, G. W. F.. Poética Ciudad de México: Terramar ediciones, 2005.

Gardiner, Judith. Masculinity Studies and Femenist Theory: New Directions. New York: Columbia U.P., 2001.

Gil Rodríguez, Eva. "¿Por qué le llaman género cuando quieren decir sexo? Una aproximación a la teoría de la performatividad de Judith Butler." Athenea Digital Fall 2002. 17 July 2007 <http://www.bib.uab.es/pub/athenea>.

Girard, Renee. Mentira romántica y verdad novelesca. Caracas: U Central de Venezuela, 1963.

Gonzáles, José Luis. "Sobre los conceptos de héroe y antihéroe en la teoría de la literatura." Archivum 31-32 (1981): 367-399.

Grau, Olga. "Homosexualidad: un discurso balbuceante." Discurso, género, poder: discursos públicos 1978-1993. Santiago: La Morada, 1997.

Green, James N. Beyond Carnival: Male Homosexuality in Twentieth-Century Brazil. Chicago: University of Chicago Press, 1999.

Guash, Oscar. Identidades: Reflexiones sobre la cuestion gay. Barcelona: Bellaterra, 2000.

---. La sociedad rosa. Barcelona: Anagrama, 1995.

---. La crisis de la heterosexualidad. Barcelona: Laertes, 2000.

---. "Minoría social y sexo disidente: de la práctica sexual a la subcultura." Conciencia de un singular deseo: estudios lesbianos y gays en el estado español. Eds. Bran Buxán y Xosé M. Barcelona: Laertes, 1997.

Hall, Stuart. "Deviance, Politics and the Media." Lesbian and Gay Studies Reader. Eds. Henry Abelove, Michele Aina Barale, and David Halperin New York: Routledge, 1993. 62-90.

"Héreo." Diccionario de la lengua española. 2001. Real Academia Española. 8 junio, 2006 <http://rae.es>

Herrero-Olaizola, Alejandro. "Homosexuales en escena: identidad y performance en la narrativa de Luis Zapata." Antípodas: Journal of Hispanic and Galician Studies 11-12 (1999): 249-62.

Hortelano, Antonio. Problemas actuales de moral. Salamanca: Sígueme, 1979.

"Identidad." Diccionario de la lengua española. 2001. Real Academia Española. 10 enero, 2007 <http://rae.es>

Jagose, Annamarie. Queer Theory. An Introduction. New York: New York UP, 1996.

Jeleniewski, Víctor. "Cuerpos, deseos, placer y amor." Varones adolescentes: géneros, identidad y sexo en América. Chile, Santiago: Red de Masculinidad/es, 2003.

Jones, John. On Aristotle and Greek Tragedy. New York: Oxford UP, 1962.

Katz, Jhonatan. The Invention of Heterosexuality. New York: Penguin, 1996.

Krook-Gilead, Dorothea. Elements of Tragedy. New Haven: Yale UP, 1969.

Kurz, Paul Konrad. La nueva novela europea. Madrid: Guadarrama, 1968.

Lukács, György. La teoría de la novela. Buenos Aires: Siglo Veinte, 1966.

Martínez, Alfredo. Escrituras torcidas. Barcelona: Laertes, 2004.

Martínez Expósito, Alfredo. "El homosexual en la literatura española reciente: Observaciones sobre el personaje literario." Journal of Iberian and Latin American Studies 3:1 (1997): 57-75.

Mira Noueselles, Alberto. Para entendernos. Diccionario de cultura homosexual, gay y lésbica. Barcelona: La Tempestad, 1999.

Muñoz, Mario. "En torno a la narrativa mexicana tema homosexual". La Palabra y el hombre: Revista de la Universidad Veracruzana 84 (1992): 21-37.

"Novela picaresca." Enciclopedia Microsoft Encarta Online 2001. Encarta. 23 enero, 2008 <http://es.encarta.msn.com>

"Novela picaresca características." Wikipedia. 2001. Wikipedia La enciclopedia libre, 2008 < http://es.wikipedia.org>

Núñez Noriega, Guillermo. Sexo entre varones: poder y resistencia en el campo sexual. México, D.F.: Coordinación de Humanidades,

Ong, Walter. Orality and literacy. The Technologizing of the Word. Londres: Methuen, 1988.

"Oralidad" Wikipedia. 2001. Wikipedia La enciclopedia libre. 24 enero, 2008 <http://es.wikipedia.org>

Parrini, Rodrigo. "Los poderes del padre: Paternidad y subjetividad masculina." Masculinidad/es, identidad, sexualidad y familia: Primer encuentro de estudios de masculinidad. Chile, Santiago: U Academia de Humanismo Cristiano, 2000.

Paz, Octavio. El laberinto de la soledad. México, D.F.: Cátedra, 2003.

Pérez, Francisco R. "El infierno social y personal del marginado: El homosexual en la ciudad de México." CLA Journal 41:2 (1997): 204-21.

Perlongher, Néstor. La prostitución homosexual y el negocio del deseo en un texto de Néstor Perlpager. Página 12 2001. 20 enero 2008. <http://www.pagina12.com.ar/2001/suple/psico/01-02/01-02-08/psico01.htm>

Perriam, Chris. "Not Writing Straight, but Not Writing Queer: Popular Castilian 'Gay' Fiction." Ed. Jo Labanyi. Constructing Identity in Contemporary Spain: Theoretical Debates and Cultural Practices. New York: Oxford UP, 2002. 154-69.

Pronger, Brian. "Gay Irony." Gender Basics: Feminist Perspectives on Women and Men. Belmont, CA: Wadsworth, 1993. 79-82.

Propp, Vladimir. Morfología del cuento. Madrid: Fundamentos, 1981.

"Prostitución." Wikipedia. 2001. Wikipedia La enciclopedia libre. Enero, 2008 < http://es.wikipedia.org>

Quiroga, José, Tropics of Desire. New York: New York UP, 2000.

Rodríguez, Adrados. El héroe trágico. Madrid: Tauros,1962.

Ruiz, Bladimir. "Prostitución y homosexualidad: interrelaciones desde el margen El vampiro de la Colonia Roma de Luis Zapata." Revista Iberoamericana 187 (1999): 327-339.

Ruiz Bravo, Patricia. Sub-versiones masculinas: imágenes de los varones en la narrativa joven. Lima: Centro de la Mujer Peruana, 2001.

Ruz, Robert. "Queer Theory and Peruvian Narrative of the 1990s: The Mass Cultural Phenomenon of Jaime Bayly." Journal of Latin American Cultural Studies 12.1 (2003): 19-36.

Sanure, Carlos. El gladiador de Chueca. Barcelona: Laertes, 1992.

Savater, Fernando. La tarea del héroe: elementos para una ética trágica. Madrid: Taurus, 1981.

Schopenhauer, Arthur. The World as Will and Representation. New York: Dover Publications, 1969.

Sedgwick, Eve Kosofsky. Epistemology of the Closet. Berkeley: U of California P, 1995.

Sedgwick, Eve Kosofsky. Tendencies. Durham: Duke University Press, 1993.

Segal, Robert. Hero Myths: Reader. Oxford, UK: Malden Mass, 2000.

Seidler. Victor. "Reason, Desire and Male Sexuality." The Cultural Construction of Sexuality. Londres: Tavistock, 1987: 82-112.

Soja, Edward. Postmodern Geographies. The Reassertion of Space in Critical Social Theory. New York: Verso, 1989.

Spargo, Tamsin, Foucault y la teoría queer. Barcelona: Editorial Gedisa, 2004.

Sutherland, Juan Pablo. "Maquillajes masculinos y sujetos homosexuales en la literatura chilena contemporánea." Hombres, identidades y sexualidades. Chile, Santiago: FNUAP, 2002: 71-77.

Tomachevski, Boris. Teoría de la literatura. Madrid: Akal Editor, 1982.

Torres-Ortiz, Víctor. "Trasgresión y ruptura en la narrativa de Luis Zapata." Diss. U of New Mexico, 1997. DAI 57 (1996): 3959.

"Tragedia." Diccionario de la lengua española. 2001. Real Academia Española. 10 enero, 2007 <http://rae.es>

Villegas, Juan. La estructura mítica del héroe en la novela del siglo XX. Barcelona: Planeta, 1973.

Villena, Luis Antonio de. Fácil: historia particular de un chico de la vida fácil. Barcelona: Planeta, 1996.

---. Interview. Arquitrave. 25 Julio 2007 <http://arquitrave.com/entrevistas/arquientrevista_Lvillena.html>.

Watney, Simon. "Queer Epistemology: Activism, Outing, and the Politics of Sexual Identities." Critical Quaterly 36.1 (1994): 13-27.

Weeks, Jeffrey. Sexuality and Its Discontents: Meanings, Myths, & Modern Sexualities. Londres: Routledge & K. Paul, 1985.

Zapata, Luis. Las aventuras, desventuras y sueños de Adonis García, el vampiro de la colonia Roma. México, D.F.: Grijalbo, 1979.

Printed in the United States
By Bookmasters